Beate Stirtz

***

Der Gläubigerschutz bei der englischen Limited im Vergleich zur GmbH

www.salzwasserverlag.de

Stirtz, Beate

Der Gläubigerschutz bei der englischen Limited im Vergleich zur GmbH

Wismarer Schriften zu Management und Recht
Band 2

Schriftenreihe: Die Limited in Deutschland, Band VII

Herausgegeben von:
Prof. Dr. Jost W. Kramer
Prof. Dr. Julia Neumann-Szyszka
Prof. Dr. Karl-Wolfhart Nitsch
Prof. Dr. Gunnar Prause
Prof. Dr. Andreas Weigand
Prof. Dr. Joachim Winkler

1. Auflage 2007

ISBN-13: 978-3-86741-000-7

© CT Salzwasser-Verlag GmbH & Co. KG, Bremen/Hamburg, 2006
(www.salzwasserverlag.de)

Druck und Herstellung: Hohnholt Reprografischer Betrieb GmbH, Bremen (www.hohnholt.com)

Dieser Titel unterliegt dem Gesetz zur Regelung der Preisbindung von Verlagserzeugnissen (BGBl. I Nr. 63 vom 5. September 2002)

Die Deutsche Bibliothek verzeichnet diesen Titel in der Deutschen Nationalbibliografie. Bibliografische Daten sind unter http://dnb.ddb.de verfügbar.

Salzwasser Verlag

Inhaltsverzeichnis

Abkürzungsverzeichnis

Abkürzung	Bedeutung
a.A.	anderer Ansicht
AG	Amtsgericht
AktG	Aktiengesetz
AnfG	Anfechtungsgesetz
AnwBl	Anwaltsblatt
AO	Abgabenordnung
Art.	Artikel
BB	Betriebs-Berater
BGB	Bürgerliches Gesetzbuch
BGH	Bundesgerichtshof
BMJ	Bundesjustizministerium
BR-Drucks.	Bundesrat-Drucksache
BT-Drucks.	Bundestag-Drucksache
bzw.	beziehungsweise
c.i.c.	culpa in contrahendo
CA	Companies Act
ca.	circa
CDDA 1986	Company Directors Disqualifikation Act 1986
d.h.	dass heißt
DB	Der Betrieb
DStR	Deutsches Steuerrecht
DZWir	Deutsche Zeitschrift für Wirtschafts- und Insolvenzrecht
EG	EG-Vertrag in der seit dem 1. Mai 1999 geltenden Fassung
EGBGB	Einführungsgesetz zum Bürgerlichen Gesetzbuch
EGV	EG-Vertrag in der vor dem 1. Mai 1999 geltenden Fassung
EuGH	Europäischer Gerichtshof
EuGVO	Europäische Gerichtsstands- und Vollstreckungsordnung
EuInsVO	Europäische Verordnung über Insolvenzverfahren
Fn.	Fußnote
FRS	Financial Reporting Standards
GbR	Gesellschaft bürgerlichen Rechts
ggf.	gegebenenfalls
GmbH	Gesellschaft mit beschränkter Haftung
GmbHG	Gesetz betreffend die Gesellschaften mit beschränkter Haftung
GmbHR	GmbHRundschau
h.M.	herrschende Meinung
HGB	Handelsgesetzbuch
Hrsg.	Herausgeber

i.S.v.	im Sinne von
i.V.m.	in Verbindung mit
IA 1986	Insolvency Act 1986
ibd.	ibidem (= ebenda; ebendort)
InsO	Insolvenzordnung
Jg.	Jahrgang
Jura	Juristische Ausbildung
LG	Landgericht
m.E.	meines Erachtens
m.w.N.	mit weiteren Nachweisen
MindestkapG	Mindestkapitalgesetz
Mio.	Millionen
MoMiG-Entwurf	Entwurf eines Gesetzes zur Modernisierung des GmbH-Rechts und zur Bekämpfung von Missbräuchen
NJW	Neue juristische Wochenschrift
NZG	Neue Zeitschrift für Gesellschaftsrecht
NZI	Neue Zeitschrift für das Recht der Insolvenz und Sanierung
o. V.	ohne Verfasser
o.g.	oben genannte
OHG	Offene Handelsgesellschaft
OLG	Oberlandesgericht
RIW	Recht der Internationalen Wirtschaft
Rn.	Randnummer
S.	Satz, Seite
SARL	Société à responsabilité limitée
sec.	Section
sog.	so genannte
SORP	Statements of Recommended Practice
ss.	Sections
SSAP	Statement of Standard Accounting Practise
StGB	Strafgesetzbuch
u.a.	unter anderem
UITFA	Urgent Issue Task Force Abstracts
vgl.	vergleiche
WFBV	Wet op de formeel buitenlandse vennotschappen
ZGR	Zeitschrift für Unternehmens- und Gesellschaftsrecht
ZIP	Zeitschrift für Wirtschaftsrecht

Vorwort

Die von Frau Beate Stirtz entwickelte Studie zum Thema „Die englische Limited mit Verwaltungssitz in Deutschland im Vergleich zur GmbH unter besonderer Berücksichtigung der Interessen der Gläubiger" ist eine hervorragende Arbeit. Frau Stirtz hat im Sommersemester 2006 ihr Studium des Wirtschaftsrechts mit dem Bachelor of Laws (LL.B.) abgeschlossen. Ihre Bachelorthesis wurde von den Prüfern mit der Note „sehr gut" bewertet; auch ihre mündliche Verteidigung wurde entsprechend benotet. Hierbei wurde besonders positiv vermerkt, dass in der Arbeit in herausragender Weise die interdisziplinären Ansätze des Studienganges Wirtschaftsrecht mit juristischen und betriebswirtschaftlichen Elementen vernetzt wurden.

Dabei verknüpft Frau Stirtz ihre Betrachtungen zur deutschen „Gesellschaft mit beschränkter Haftung" und der englischen „Limited" zunächst in einer gelungenen rechtlichen Gegenüberstellung beider Gesellschaftsformen in wissenschaftlich eindrucksvoller Präzision mit betriebswirtschaftlichen Ausführungen zu Wesen und Bedeutung der unterschiedlichen Gesellschaftsformen.

Die Ausführungen sind verständlich formuliert, sehr gut lesbar und vorbildlich informativ, verharren nicht nur im rein deskriptiven Bereich, sondern enthalten vielmehr insoweit eine gewünschte eigene kritische Auseinandersetzung mit der Materie. Es sind neben der erforderlichen Bestandsaufnahme und Bewertung der untersuchten Gesellschaftsformen nach den durchgeführten Untersuchungen vielfältige erkennbar eigenständig entwickelte und als sinnvoll und praxisgerecht zu bezeichnende Empfehlungen vorhanden.

Ein tiefer gehendes Erkenntnisinteresse der Absolventin bei ihrer Studie ist deutlich erkennbar. Die Bemühungen, dem Leser selbst gewonnene weiter führende Ergebnisse zu vermitteln, sind deutlich erkennbar ausgeprägt. Die Ausführungen sind daher sowohl nach wissenschaftlichen Maßstäben als auch im Hinblick auf ihre Nützlichkeit und Praktikabilität insgesamt als vorbildlich zu bewerten.

Vor diesem Hintergrund freue ich mich, dass die Arbeit von Frau Stirtz im Rahmen der neuen Schriftenreihe einem größeren Publikum zugänglich gemacht wird.

Karl Wolfhart Nitsch

3

1. Einleitung

Als Einführung in die Thematik dieser Arbeit wird zunächst die Problemstellung vorgestellt. Im Anschluss daran erfolgen die Darstellung der untersuchten Teilbereiche und die Bestimmung wichtiger Begriffe.

1.1. Problemstellung

Seit der jüngeren Rechtsprechung des EuGH zur Niederlassungsfreiheit begegnet man im deutschen Geschäftsverkehr verstärkt der Private Limited Company by shares (auch einfach „englische Limited" oder nur „Limited" genannt) als Alternative zur deutschen Gesellschaft mit beschränkter Haftung. Insgesamt sollen nach einer empirischen Studie von *Westhoff* bis Dezember 2005 mehr als 30.000 englische Limiteds mit Verwaltungssitz in Deutschland errichtet worden sein[1] und diese Zahl soll nach Angaben der „Go Ahead Limited", einer der führenden Gründungsservicegesellschaften in Deutschland, monatlich um über 1.000 weitere Neugründungen steigen.[2] Die Gründe hierfür liegen in erster Linie an der schnellen, unbürokratischen und kostengünstigen Gründung und dem wesentlich geringeren Kapitaleinsatz.[3] Obwohl auch andere ausländische Kapitalgesellschaften wie beispielsweise die französische SARL[4] diese Vorteile aufweisen, liegt

---

[1] Westhoff (2006): Die Verbreitung der limited mit Sitz in Deutschland, erschienen in: GmbHR 2006, S. 525 f.

[2] http://www.go-limited.de/warum-limited/einfaches-gesellschaftsrecht.html, abgerufen am 10.08.2006

[3] Rönnau (2005): Haftung der Direktoren einer in Deutschland ansässigen englischen Private Company Limited by Shares nach dem deutschen Strafrecht – eine erste Annäherung, erschienen in: ZGR 2005, S. 836.

[4] Zum Recht der SARL eingehend Mellert/Verfürth (2005): Wettbewerb der Gesellschaftsformen, S. 120 ff. Rn. 88 ff.; Mellert (2006): Ausländische Kapitalgesellschaften als Alternative zu AG und GmbH – eine Synopse, er-

4

die englische Limited im Wettbewerb der Gesellschaftsformen weit vor allen anderen. Vielfach wird vermutet, dass dies insbesondere an der weit verbreiteten englischen Sprache liegt.[5] Dementsprechend steht die GmbH also in erster Linie mit der englischen Limited in Konkurrenz. Darauf muss sich auch das deutsche Geschäftsleben einstellen. Bislang stehen allerdings viele Wirtschaftseinheiten wie beispielsweise Banken oder Lieferanten dieser „neuen" Gesellschaftsform in Deutschland skeptisch gegenüber. Hintergrund hierfür ist wohl insbesondere die – dem deutschen Kapitalgesellschaftsrecht völlig fremde – Möglichkeit des Tätigwerdens solcher Gesellschaften ohne Mindesthaftungsfonds, denn die Aufbringung (und Erhaltung) eines bestimmten Mindestkapitals stellt hierzulande schon jeher die (gläubigerschützende) Gegenleistung für die Haftungsbeschränkung der Gesellschafter dar[6]; als solche fungiert es hauptsächlich als Seriositätsschwelle für die Errichtung einer juristischen Person sowie als Risikopuffer und gewährt den Gläubigern damit ein Mindestmaß an Schutz.[7] Daher soll in der vorliegenden Arbeit der Frage nachgegangen werden, ob die Gläubiger einer englischen Limited in Deutschland – wie vielfach befürchtet – relativ schutzlos dastehen oder bei dieser Gesellschaftsform auch ohne nennenswertes Mindestkapital ein effektiver Gläubigerschutz

---

schienen in: BB 2006, S. 11 f.; Wachter (2005a): Wettbewerb des GmbH-Rechts in Europa, erschienen in: GmbHR 2005, S. 719 ff.

[5] So u.a. Wachter (2005a): Wettbewerb des GmbH-Rechts in Europa, erschienen in: GmbHR 2005, S. 718; Zöllner (2006): Konkurrenz für inländische Kapitalgesellschaften durch ausländische Rechtsträger, insbesondere durch die englische Private Limited Company, erschienen in: GmbHR 2006, S. 3.

[6] Priester (2005): „GmbH light" – ein Holzweg, erschienen in: ZIP 2005, S. 921.

[7] Wilhelmi (2006): Das Mindestkapital als Mindestschutz, erschienen in: GmbHR 2006, S. 13 f., 20; Priester (2005): „GmbH light" – ein Holzweg, erschienen in: ZIP 2005, S. 921.

gewährleistet ist. Dabei wird – gerade wegen der in Deutschland anhaltenden Konkurrenz und der funktionellen Ähnlichkeit – ein Vergleich mit der in Deutschland seit Jahren weit verbreiteten und vom Geschäftsverkehr allgemein anerkannten GmbH vorgenommen.

1.2. Gang der Untersuchung

Das erste Kapitel dieser Arbeit enthält als Einführung eine Darstellung der Problemstellung, einen Überblick über die untersuchten Teilbereiche und eine Definition grundlegender Begriffe.

Dem folgt im zweiten Kapitel eine Darstellung bzw. Analyse der zur gemeinschaftsrechtlich verankerten Niederlassungsfreiheit ergangenen EuGH-Rechtsprechung und der Reaktion der deutschen Gerichte.

Das anschließende Kapitel gibt einen Einblick in die Grundlagen der GmbH und der englischen Limited. Dabei wird insbesondere auf die Begrifflichkeiten, die Rechtsquellen, die Gründungsvoraussetzungen bzw. den Gründungsvorgang und die Organe beider Organisationsformen eingegangen.

Im vierten Kapitel werden die wesentlichen Vergleichskriterien vorgestellt, die in den nachfolgenden drei Abschnitten für beide Rechtsformen analysiert und jeweils im Anschluss miteinander verglichen werden.

Abgerundet wird diese Arbeit mit dem letzten Kapitel, das ein Fazit und einen Ausblick enthält.

1.3. Begriffsbestimmung

Die Private Limited Company by shares mit Verwaltungssitz in Deutschland ist in jedem Fall eine doppelansässige Kapitalgesellschaft, d.h. eine Gesellschaft mit beschränkter Haftung, die in ihrem Heimatstaat England ihren statuierten Sitz und in einem anderen Staat, vorliegend Deutschland, ihren tatsächlichen Hauptverwaltungssitz hat. Sie ist häufig unter den Begriffen „Scheinauslandsgesellschaft", „EU-Auslandsgesellschaft" oder „Briefkastengesellschaft" zu finden. Unter „Schein- bzw. EU-Auslandsgesellschaften" sind in Deutschland Gesellschaften zu verstehen, die zwar nach den Vorschriften einer ausländischen Rechtsordnung gegründet wurden, dort aber nicht oder nur in sehr geringem Umfang tätig werden, sondern ausschließlich im Inland operieren.[8] *Forsthoff/ Schulz* lehnen die Bezeichnung „Scheinauslandsgesellschaft" auf Grund der gemeinschaftsrechtlich verankerten Pflicht zur Anerkennung doppelansässiger Gesellschaften im Inland zu Recht ab und subsumieren derartige Gesellschaften künftig nur noch unter dem Begriff „EU-Auslandsgesellschaften".[9] Als Briefkastengesellschaft hingegen werden Gesellschaften bezeichnet, die im Inland (d.h. also England) nur eine Postadresse (Briefkasten) haben und ansonsten aber ausschließlich in einem anderen Mitgliedstaat wie beispielsweise Deutschland tätig sind.[10] Dementsprechend ist die englische Limited mit Verwaltungssitz in Deutschland also aus deutscher Sicht betrachtet eine EU-Auslandsgesellschaft und aus englischer Sicht betrachtet eine Briefkastengesellschaft.

---

[8] Tiedemann (2006): Rechtsformwahl unter dem Aspekt der Niederlassungsfreiheit, S. 2; Forsthoff/Schulz (2005): Gläubigerschutz bei EU-Auslandsgesellschaften, § 15 Fn. 8.

[9] Forsthoff/Schulz (2005): Gläubigerschutz bei EU-Auslandsgesellschaften, § 15 Fn. 8.

[10] Hierzu und im Folgenden Tiedemann (2006): Rechtsformwahl unter dem Aspekt der Niederlassungsfreiheit, S. 2.

2. Gemeinschaftsrechtlicher Auslöser und Reaktion in Deutschland

Noch vor einigen Jahren, genauer gesagt, vor den Grundsatzurteilen des EuGH in Sachen „Centros"[11], „Überseering"[12] und „Inspire-Art"[13] war es kaum vorstellbar, das der deutsche Geschäftsverkehr mit einer Vielzahl von Kapitalgesellschaften, die im EU-Ausland lediglich ihren satzungsmäßigen Sitz haben und ansonsten ihren Verwaltungssitz in Deutschland haben, konfrontiert wird. Das resultierte daraus, dass eine im Ausland errichtete Kapitalgesellschaft, die ausschließlich in Deutschland tätig war, zunächst überhaupt nicht erkannt wurde, sie also rechtlich nicht existent war, und seit Juli 2002 vom BGH zu einer Personengesellschaft und damit zu einer Gesellschaft ohne Haftungsbeschränkung umqualifiziert wurde.[14] Zu diesem Ergebnis kam der BGH, weil er mangels einer gesetzlich verankerten Kollisionsnorm zur Bestimmung der anwendbaren Rechtsordnung, die alle gesellschaftsrechtlichen Sachverhalte im Leben einer Gesellschaft regelt (sog. Gesellschaftsstatuts), die Sitztheorie anwandte, wonach alle gesellschaftsrechtlichen Angelegenheiten einer Gesellschaft wie beispielsweise die Rechts- und Parteifähigkeit, die Kapitalverfassung und auch die Haftung nach dem Recht des Staates beurteilt, in dem diese ihren tatsächlichen Verwaltungssitz hat. Auf der Grundlage dieser Sitztheorie war bzw. ist es aus deutscher Sicht nicht zulässig, eine ausländische Kapitalgesellschaft mit Verwaltungssitz in Deutschland zu gründen, da die Rechtspersön-

---

[11] EuGH, ZIP 1999, S. 438.
[12] EuGH, NJW 2002, S. 3614.
[13] EuGH, GmbHR 2003, S. 1260.
[14] Hierzu und im Folgenden Spahlinger (2005): Deutsches Internationales Gesellschaftsrecht, S. 7 ff. Rn. 34 ff.

lichkeit als AG oder GmbH nur durch entsprechende Eintragung in das deutsche Handelsregister erlangt wird. Damit machte es für deutsche Unternehmensgründer bislang keinen Sinn, in England eine Limited zu gründen und anschließend ihre Geschäftstätigkeit nach Deutschland zu verlagern, da diese dadurch ihre Vorteile (z.b. Haftungsbeschränkung ohne die Einzahlung eines gesetzlich festgelegten Mindestkapitals) verlor. Die Kehrtwende kam erst mit den eingangs erwähnten Grundsatzurteilen zur Niederlassungsfreiheit, die im Folgenden kurz dargestellt werden.

2.1. „Centros"

Das Centros-Urteil[15] war das erste von den drei bislang ergangenen Urteilen, in denen der Zuzug einer im Ausland wirksam gegründeten Kapitalgesellschaft in einen anderen Mitgliedstaat Gegenstand des Verfahrens war. In dieser Entscheidung begehrte ein dänisches Ehepaar, dass in England eine Briefkastengesellschaft in der Form einer „Private Company by shares" errichtet hatte, die Eintragung einer Zweigniederlassung in das dänische Handelsregister. Die dänische Behörde lehnte die Eintragung u.a. mit der Begründung ab, dass die Centros Ltd. nur in England gegründet wurde, um die nationalen (Mindestkapital-) Vorschriften zu umgehen und in Wirklichkeit nicht die Errichtung einer Zweigniederlassung, sondern einer Hauptniederlassung beabsichtigt war. Der EuGH gab der Centros Ltd. Recht und stellte klar, dass ein Verstoß gegen die in Art. 52 und Art. 58 EGV (heute Art. 43 und 48 EG) verankerte Niederlassungsfreiheit vorliegt, wenn ein Mitgliedstaat einer im europäischen Ausland wirksam gegründeten Gesellschaft, die dort zwar ihren satzungsmäßigen Sitz hat, aber dort keine Geschäftstätigkeit entfaltet, sondern ausschließ-

---

[15] EuGH, ZIP 1999, S. 438 ff.

9

lich im Inland tätig ist, die Eintragung einer Zweigniederlassung in das Handelsregister verweigert. Er führte jedoch einschränkend aus, dass man sich bei Missbrauch oder Betrug nicht auf das Gemeinschaftsrecht und damit auf die Niederlassungsfreiheit berufen kann und dass die Mitgliedstaaten alle geeigneten Maßnahmen treffen können, um Betrügereien zu verhindern oder zu verfolgen. Zugleich verwies er aber auch darauf, dass ein solches missbräuchliches bzw. betrügerisches Verhalten durch die nationalen Gerichte nur im Einzelfall auf der Grundlage objektiver Kriterien festgestellt werden kann. Wann eine solche Missbrauchsausnahme vorliegt bzw. welche nationalen Maßnahmen gemeint sind, ist bislang allerdings nicht geklärt.[16] Feststeht durch diese Entscheidung bisher nur, dass es noch keinen Missbrauch darstellt, wenn eine Gesellschaft nur in einem bestimmten Mitgliedstaat errichtet wird, um die (strengeren) Gründungsvorschriften eines anderen Mitgliedstaates zu umgehen und in anderen Mitgliedstaaten Zweigniederlassungen errichtet, da das Recht, eine Gesellschaft nach dem Recht eines Mitgliedstaates zu errichten und in anderen Mitgliedstaat eine Zweigniederlassung zu gründen, unmittelbar aus der vom EG gewährleisteten Niederlassungsfreiheit folgt. Auch wurde hierdurch nicht geklärt, ob sich bei EU-Auslandsgesellschaften die gesellschaftsrechtlichen Verhältnisse nach dem Recht des Zuzugsstaates oder nach dem Recht des Gründungsstaates beurteilen.

2.2. „Überseering"

Diesbezüglich gab das Urteil des EuGH in Sachen „Überseering"[17] einen ersten Anhaltspunkt, in der über die Frage der Anerken-

---

[16] Hirte (2005): Die Limited mit Sitz in Deutschland – Abkehr von der Sitztheorie nach Centros, Überseering und Inspire Art, § 1 Rn. 30.
[17] EuGH, NJW 2002, S. 3614 ff.

nung der Rechts- und Parteifähigkeit einer rechtmäßig im Ausland gegründeten Gesellschaft mit tatsächlichem Sitz in einen anderen Mitgliedstaat zu entscheiden war. In der Sache ging es um eine niederländische Kapitalgesellschaft, die einige Jahre nach ihrer Gründung ihren Verwaltungssitz nach Deutschland verlegte und nunmehr vor einem deutschen Gericht einen ihrer deutschen Vertragspartner verklagen wollte. Die zuständigen Gerichte hielten die Klage für unzulässig und begründeten dies damit, dass die zugezogene Überseering B.V. auf Grund der hierzulande bislang herrschenden Sitztheorie nicht rechts- und parteifähig sei. Der BGH legte dem EuGH diese Frage zur Vorabentscheidung vor. Dieser führte hierzu aus, dass es gegen die Niederlassungsfreiheit verstoße, wenn einer in einem Mitgliedstaat der Gemeinschaft rechtmäßig gegründeten Gesellschaft, die in diesem Gründungsstaat ihren satzungsmäßigen Sitz hat, bei Verlegung ihres Hauptverwaltungssitzes in diesem Aufnahmestaat ihre Rechts- und Parteifähigkeit abgesprochen wird. Damit richtet sich also die Rechts- und Parteifähigkeit einer Gesellschaft nach dem Recht ihres Gründungsstaates. Ungeklärt blieb mit dieser Entscheidung jedoch, ob sich auch die übrigen gesellschaftsrechtlichen Angelegenheiten einer doppelansässigen Kapitalgesellschaft wie beispielsweise die Haftungsverhältnisse nach dem Gründungsrecht richten.[18]

2.3. „Inspire Art"

Hierzu brachte dann das Urteil in Sachen „Inspire-Art"[19] weiteren Aufschluss. In dieser Entscheidung hatte der EuGH darüber zu entscheiden, ob das niederländische Gesetz über formal ausländische Gesellschaften (WFBV), das Auslandsgesellschaften

---

[18]   Heckschen/Köklü/Maul (2005): Private Limited Company, S. 15 Rn. 50.

u.a. zusätzliche Verpflichtungen hinsichtlich der Publizität und der
Aufbringung von Mindestkapital auferlegte und bei Verstoß eine
persönliche gesamtschuldnerische Haftung der Gesellschafter für
die Gesellschaftsverbindlichkeiten vorsah, mit der im EG verankerten Niederlassungsfreiheit vereinbar ist. Konkret ging es um eine ausschließlich in den Niederlanden tätige englische Limited
(Inspire-Art Ltd.), die die niederländischen Behörden als solche
auch anerkannt haben. Allerdings sollte die nach englischem
Recht vorgesehene beschränkte Haftung der Geschäftsführer
nur unter den Voraussetzungen greifen, dass die Inspire-Art die
Anforderungen des WFBV erfüllt, d.h. insbesondere mit dem Zusatz „formal ausländische Gesellschaft" in das niederländische
Gesellschaftsregister eingetragen ist und diesen Zusatz auch im
Geschäftsverkehr führt sowie zudem über ein Mindestkapital verfügt, das dem der niederländischen Gesellschaften mit beschränkter Haftung entspricht. Der EuGH sah in dieser sog. Sonderanknüpfung eine die Ausübung der Niederlassungsfreiheit
behindernde oder weniger attraktiv machende Maßnahme des
niederländischen Staates, die nicht gerechtfertigt ist und daher
gegen das Gemeinschaftsrecht verstößt. Diesbezüglich hat er
mit Verweis auf das Centros-Urteil zunächst noch einmal hervor-
gehoben, dass die Errichtung einer Gesellschaft im Ausland und
das ausschließliche Tätigwerden in einem anderen Mitgliedstaat
kein missbräuchliches oder betrügerisches Ausnutzen der Niederlassungsfreiheit darstellt, dieser Umstand also keinen Eingriff in die
Niederlassungsfreiheit rechtfertigt. Auch stellte er fest, dass eine
Rechtfertigung nach Art. 46 EG (Gründe der öffentlichen Ordnung, Sicherheit und Gesundheit) nicht in Betracht kommt. Damit
kamen als Rechtfertigungsgrund im vorliegenden Fall des WFBV
nur noch zwingende Gründe des Allgemeininteresses in Betracht.

---

[19] EuGH, GmbHR 2003, S. 1260 ff.

Diesbezüglich führte der EuGH aus, dass nach ständiger Rechtsprechung des Gerichtshofes nationale Maßnahmen, die die
durch den EG garantierte Niederlassungsfreiheit beschränken,
nur zulässig bzw. gerechtfertigt sind, wenn nachfolgende vier
Voraussetzungen erfüllt sind. Sie müssen in nichtdiskriminierender
Weise angewandt werden, sie müssen aus zwingenden Gründen
des Allgemeininteresses gerechtfertigt sein, sie müssen zur Erreichung des verfolgten Zieles geeignet sein und sie dürfen nicht
über das hinausgehen, was zur Erreichung dieses Zieles erforderlich ist. Diesem sog. „Vier-Konditionen-Test" hielten die von der
niederländischen Regierung vorgebrachten Rechtfertigungs-
gründe, (d.h. der Gläubigerschutz, die Bekämpfung der missbräuchlichen Ausnutzung der Niederlassungsfreiheit, die Erhaltung der Wirksamkeit der Steuerkontrollen und die Lauterkeit des
Handelsverkehrs) nicht stand.

**2.4. Die Reaktion der deutschen Rechtsprechung auf die EuGH-
Entscheidungen**

Diese gemeinschaftsrechtlichen Vorgaben zur Niederlassungsfreiheit wurden auch in der deutschen Rechtsprechung berücksichtigt.

So stellt der BGH erstmals in seiner Entscheidung über den Fall
Überseering vom 13. März 2003[20] ausdrücklich fest, dass eine in
einem Mitgliedstaat wirksam gegründete Gesellschaft, die ihren
Hauptverwaltverwaltungssitz in einen anderen Mitgliedstaat verlegt, entsprechend den Vorgaben des EuGH zur Niederlassungsfreiheit berechtigt ist, ihre Rechte in dem Zuzugsstaat geltend zu
machen, wenn sie nach dem Recht des Gründungsstaates
rechtsfähig ist. Dabei erklärte er, dass die Rechtsfähigkeit einer

---

[20] BGH, NJW 2003, S. 1461.

zuziehenden ausländischen Gesellschaft zu achten ist und dementsprechend der bislang eingeschlagene Weg der Umqualifizierung ausländischer Kapitalgesellschaften mit Verwaltungssitz im Inland zu rechts- bzw. parteifähigen Personengesellschaften gegen die Niederlassungsfreiheit verstößt.

Ein weiteres Urteil des BGH betreffs ausländischer Gesellschaften mit Verwaltungssitz in Deutschland erging am 14. März 2005[21]. In dieser Entscheidung ging es um die persönliche Haftung des Geschäftsführers für rechtsgeschäftliche Verbindlichkeiten einer (insolventen) englischen Limited mit tatsächlichem Verwaltungssitz in Deutschland. Das Berufungsgericht bejahte für den vorliegenden Fall eine persönliche Haftung des Geschäftsführers wegen Fehlens einer Eintragung der Zweigniederlassung in einem deutschen Handelsregister analog § 11 Abs. GmbHG. Der BGH hat das Urteil des Landgerichtes vollumfänglich aufgehoben und an das Berufungsgericht zurückverwiesen. Er stellte zunächst noch einmal ausdrücklich fest, dass eine in einem anderen Mitgliedstaat wirksam gegründete Gesellschaft in einem anderen Mitgliedstaat in der Rechtsform anzuerkennen ist, in der sie gegründet wurde. Aus dieser Anerkennung folgt seiner Ansicht nach zugleich, dass das Personalstatut einer EU-Auslandsgesellschaft auch in Bezug auf die Haftung für in ihrem Namen begründete rechtsgeschäftliche Verbindlichkeiten einschließlich der Frage nach einer etwaigen diesbezüglichen persönlichen Haftung ihrer Gesellschafter oder Geschäftsführer gegenüber den Gesellschaftsgläubigern maßgeblich ist. Als Konsequenz ergab sich für den vorliegenden Fall, dass eine Handelndenhaftung analog § 11 Abs. 2 GmbHG wegen der fehlenden Eintragung der Zweigniederlassung in das zuständige Handelsregister von vornherein

---

[21] BGH, NJW 2005, S. 1648 = ZIP 2005, S. 805.

ausscheidet. Abschließend wies er das Berufsgericht darauf hin, dass dieses der Klägerin Gelegenheit geben müsse, ihr Klagebegehren auf etwaige Haftungstatbestände des materiellen englischen Rechts oder des (deutschen) Deliktsrechts (§§ 823 ff. BGB) zu stützen.

Auch ergingen zahlreiche instanzgerichtliche Entscheidungen, die die Vorgaben des EuGH richtig umsetzten.[22] So entschied beispielsweise das Amtsgericht Hamburg[23], dass eine englische Limited in Deutschland als solche als insolvenzfähig anzusehen ist und das Landgericht Hannover[24] stellte fest, dass eine wirksam gegründete doppelansässige englische Limited in Deutschland in ihrer gründungsstaatlichen Ausgestaltung anerkannt werden muss, die Gesellschafter also entsprechend dem englischen Recht nicht für die Gesellschaftsverbindlichkeiten haften.

2.5. Fazit für die deutsche Praxis

Im folgenden Abschnitt werden die Urteile in Sachen Centros, Überseering und Inspire Art und die daraufhin ergangenen Entscheidungen der deutschen Gerichte (insbesondere die des BGH) auf ihre Kernaussagen für die deutsche Praxis analysiert. Hierbei beschränken sich die Ausführungen in Anbetracht des Themas dieser Arbeit auf die Konstellationen, in denen eine Gesellschaft aus dem EU-Ausland (z.B. die englische Limited) ihren Verwaltungssitz nach Deutschland verlegt.

Aus der Rechtsprechung zur Niederlassungsfreiheit können für die deutsche Praxis folgende Kernaussagen getroffen werden:

---

[22] Eine umfassende Darstellung der deutschen Rechtsprechung seit Überseering bietet Spahlinger (2005): Deutsches Internationales Gesellschaftsrecht, S. 38 ff. Rn. 173 ff.
[23] AG Hamburg, GmbHR 2003, S. 957.
[24] LG Hannover, NZI 2003, S. 608.

15

1. Eine im Ausland wirksam gegründete Gesellschaft kann in Deutschland eine Zweigniederlassung errichten. Dies gilt auch dann, wenn die Gesellschaft im Gründungsstaat keine Geschäftstätigkeit mehr ausübt oder noch nie ausgeübt hat.[25]

2. Die Rechts- und Parteifähigkeit einer ausländischen Gesellschaft beurteilt sich nach dem Recht des Mitgliedstaates, in dem sie gegründet wurde und ist von dem Zuzugsstaat (vorliegend also Deutschland) uneingeschränkt anzuerkennen.[26] Dies gilt auch dann, wenn die Gesellschaft nur deshalb in einem anderen Mitgliedstaat gegründet wurde, um die Vorschriften des deutschen Gesellschaftsrechts zu umgehen. Damit kann eine ausländische Kapitalgesellschaft nicht mehr zu einer deutschen Personengesellschaft umqualifiziert werden.[27]

3. Aus der Pflicht zur Anerkennung der Rechtsfähigkeit einer in Deutschland ansässigen ausländischen Gesellschaft folgt, dass sich das gesamte Personalstatut (d.h. alle gesellschaftsrechtlichen Angelegenheiten) einer EU-Auslandsgesellschaft – entgegen der in Deutschland traditionell angewandten Sitztheorie – grundsätzlich nach ihrem ausländischen Gründungsrecht richtet.[28] Ein Rückgriff auf das deutsche Gesellschaftsrecht (sog. Sonderanknüpfung) stellt eine Beschränkung der Niederlassungsfreiheit dar, die nur ausnahmsweise durch einen der folgenden Gründe gerechtfertigt ist:[29]

---

[25] EuGH, ZIP 1999, S. 440 Rn. 27.; EuGH, GmbHR 2003, S. 1267 f. Rn. 95.
[26] EuGH, NJW 2002, S. 3614 Rn. 94 f; EuGH, GmbHR 2003, S. 1260 ff.; BGH, NJW 2003, S. 1461.; BGH, NJW 2005, S. 1649 m.w.N.
[27] BGH, NJW 2003, S. 1461.
[28] BGH, NJW 2005, S. 1648 f.
[29] EuGH, ZIP 1999, S. 441 Rn. 34; EuGH, GmbHR 2003, S. 1270 Rn. 133.

a. zur Verhinderung eines missbräuchlichen oder betrügerischen Ausnutzens der Niederlassungsfreiheit[30],

b. aus Gründen der öffentlichen Ordnung, Sicherheit oder
Gesundheit (Art. 46 EG),

c. aus zwingenden Gründen des Allgemeininteresses, wenn
der von dem EuGH entwickelte Vier-Stufen-Test positiv
ausfällt, d.h. wenn die nationale Maßnahme in nichtdiskriminierender Weise angewendet wird, sie aus zwingenden Gründen des Allgemeinwohls gerechtfertigt ist, sie
zur Erreichung des verfolgten Zieles geeignet ist und nicht
über das zur Erreichung dieses Zieles Erforderliche hinausgeht.[31] Welche nationalen Maßnahmen, insbesondere
welche deutschen Haftungsnormen, allerdings eine ge-
rechtfertigte Beschränkung der Niederlassungsfreiheit
darstellen, wird in der Literatur derzeit stark diskutiert.[32]

4. Nicht vom Gesellschaftsstatut umfasste Materien wie beispielsweise das Delikt-, Insolvenz- und Vertragsrecht, die so-

---

[30] Die Bundesrepublik Deutschland ist berechtigt, alle geeigneten Maßnahmen zu treffen, um Betrügereien zu verhindern oder zu verfolgen In
solchen Fällen ist die Berufung auf die Niederlassungsfreiheit nicht gestattet. Allerdings ist bislang nicht eindeutig geklärt, wann ein Fall von Betrug oder Missbrauch im Sinne der europarechtlichen Vorgaben vorliegt. Feststeht bislang nur, dass die Umgehung (strikterer) deutscher
Gründungsvorschriften und das ausschließlichen Tätigwerden einer EU-
Auslandsgesellschaft in einem anderen Mitgliedstaat als dem Gründungsstaat keinen Missbrauch der Niederlassungsfreiheit darstellt. Positi-
ve Aussagen über das Vorliegen einer Missbrauchsausnahme fehlen
hingegen. Der EuGH führt diesbezüglich lediglich aus, dass die nationalen Gerichte im Einzelfall das missbräuchliche oder betrügerische Verhalten der Betroffenen auf Grundlage objektiver Kriterien sanktionieren
können. Erforderlich ist also immer der Nachweis eines konkreten Missbrauchs bzw. einer betrügerischen Absicht in einer bestimmten Situation., vgl. EuGH, ZIP 1999, S. 440 f. Rn. 24, 25, 27, 29, 39.
[31] EuGH, GmbHR 2003, S. 1260, 1270 Rn. 133.
[32] Mellert/Verfürth (2005): Wettbewerb der Gesellschaftsformen, S. 66 Rn.
51.

17

wohl für inländische als auch für ausländische Gesellschaften gleichermaßen gelten, berühren (nach allgemeiner Ansicht) grundsätzlich nicht den Anwendungsbereich der Niederlassungsfreiheit und sind daher auch auf EU-
Auslandsgesellschaften anwendbar, soweit die jeweilige
Kollisionsnorm des deutschen IPR dies zulässt.[33] Das soll nach
einer im Schrifttum stark verbreiteten Meinung aber nicht
heißen, dass es ausschließlich auf das „rechtliche Kleid" einer Norm ankommt und man durch Umqualifizierung gesellschaftsrechtliche Regelungen zur niederlassungsfreiheitskon-
formen Anwendung deutscher Normen gelangt, da auch
nicht-gesellschaftsrechtliche Vorschriften geeignet sein können, den Marktzugang zu behindern oder weniger attraktiv
zu machen und bei Vorliegen eines solchen Falles der
Rechtfertigung bedürfen.[34] Eine rechtfertigungsbedürftige
Beeinträchtigung der Niederlassungsfreiheit ist gegeben,
wenn eine Norm nicht nur Standortbedingungen fixiert sondern in die Identität, d.h. in die Ausgestaltung und Funkti-
onsweise, einer EU-Auslandsgesellschaft eingreift.[35]

---

[33] Palandt/Heldrich (2006): Anh. zu Art. 12 EGBGB Rn. 8 m.w.N.; BGH, NJW
2005, S. 1650. Auf das anwendbare Recht wird in Kapital 3.2.2 näher
eingegangen.
[34] So u.a. Wohlfahrt (2006): Gläubigerschutz bei EU-
Auslandsgesellschaften, S. 15; Forsthoff/Schulz (2005): Gläubigerschutz
bei EU-Auslandsgesellschaften, § 15 Rn. 7 ff.; Rehm (2005a): Völker- und
europarechtliche Vorgaben für die Bestimmung des Gesellschaftsstatuts, § 2 Rn. 72; Jestädt (2005): Niederlassungsfreiheit und Gesellschafts-
kollisionsrecht, S. 198 ff.; Kiethe (2005): Abwehrfunktion des nationalen
Deliktsrechts im Internationalen Gesellschaftsrecht?, erschienen in: RIW
2005, S. 654; Palandt/Heldrich (2006): Anh. zu Art. 12 EGBGB Rn. 7 f.
[35] Wohlfahrt (2006): Gläubigerschutz bei EU-Auslandsgesellschaften, S. 15;
Jestädt (2005): Niederlassungsfreiheit und Gesellschaftskollisionsrecht,
S. 202 f.

3. Grundlagen der Gesellschaftsformen GmbH und englische Limited

In diesem Kapitel werden die Grundlagen der zu vergleichenden Gesellschaftsformen (GmbH und englische Limited) dargestellt. Dabei wird insbesondere auf die Begrifflichkeiten, die Rechtsquellen, die Gründungsvoraussetzungen bzw. den Gründungsvorgang und die Organe beider Rechtsformen eingegangen.

3.1. GmbH

3.1.1. Begriff

Die Gesellschaftsform der GmbH ist 1892 ohne historisches Vorbild durch das Inkrafttreten des GmbHG geschaffen worden[36] und stellt gemäß den §§ 1, 5, 13 GmbHG eine aus einer oder mehreren Personen bestehende (rechtsfähige) juristische Person dar, bei der die Gesellschafter grundsätzlich nicht für die Verbindlichkeiten der Gesellschaft persönlich haften und die ein aus Stammeinlagen bestehendes Stammkapital besitzt.[37] Sie kann gemäß § 1 GmbHG zu jedem gesetzlich zugelassenen Zweck errichtet werden und ist „kraft Rechtsform eine Handelsgesellschaft"[38].

3.1.2. Rechtsquellen

Das GmbH-Recht ist im Wesentlichen im GmbHG vom 20.04.1892, welches in der Folgezeit zahlreichen Änderungen unterlag, und im HGB (insbesondere §§ 264 ff. HGB) geregelt. Daneben kommen zur Lückenfüllung insbesondere einzelne Bestimmungen des

---

[36] Klunzinger (2004): Grundzüge des Gesellschaftsrechts, § 11 S. 220 ff.
[37] Raiser/Veil (2006): Recht der Kapitalgesellschaften, § 24 Rn. 1.

AktG und das Vereinsrecht (insbesondere § 31 BGB) zur Anwendung. Ferner nimmt die Rechtsfortbildung durch Rechtsprechung und Wissenschaft eine herausragende Stellung ein.

Seit dem letzten Jahr wird intensiv eine Reform des GmbH-Rechts diskutiert, die darauf abzielt, die Wettbewerbsfähigkeit der GmbH zu fördern. So wurde im vergangenen Jahr im Bundestag der Gesetzesentwurf zur Neuregelung des Mindestkapitals der GmbH (MindestkapG[39]) verabschiedet, der eine Herabsetzung des Mindeststammkapitals auf 10.000 € vorsah. Dieses Gesetz, das am 1. Januar 2006 in Kraft treten sollte, scheiterte jedoch, da der Bundesrat den Gesetzesentwurf in seiner Stellungnahme vom 23. September 2005[40] mit der Begründung ablehnte, dass der Entwurf anstatt einer Gesamtreform nur einen Teilbereich herausgegriffen hat, und diese Thematik dann – auf Grund der vorzeitigen Beendigung der 15. Wahlperiode des Deutschen Bundestages – vorerst nicht weiter verfolgt wurde. Ende Mai diesen Jahres wurde nunmehr vom Bundesjustizministerium ein neuer, viel weitreichender Referentenwurf für eine GmbH-Novelle vorgelegt. Dieses Gesetz könnte bis Ende 2007 alle Instanzen durchlaufen haben und in Kraft treten.[41] Auf die für diese Arbeit relevanten Einzelheiten des Referentenentwurfes des sog. „Gesetzes zur Modernisierung des GmbH-Rechts und zur Bekämpfung von Missbräuchen – MoMiG (im Folgenden „MoMiG-Entwurf" genannt)[42]", wird jeweils an gegebener Stelle eingegangen.

---

38 Raiser/Veil (2006): Recht der Kapitalgesellschaften, § 25 Rn. 1.
39 BT-Drucks. 15/5673.
40 BR-Drucksache 619/05.
41 O.V. (2006): Gesetzgebung: Referentenentwurf zur GmbH-Novelle vorgelegt, erschienen in: DStR 2006, S. XII.
42 BMJ, Entwurf eines Gesetzes zur Modernisierung des GmbH-Rechts und zur Bekämpfung von Missbräuchen (MoMiG), http://www.bmj.bund.de/files/79777019cbbc15ed04ddd40548a5465a/1236/RefE%20MoMiG.pdf, abgerufen am 01.07.2006.

3.1.3. Gründung

Die GmbH kann durch eine oder mehrere Personen errichtet werden. Sie entsteht als solche erst mit der Eintragung in das zuständige Handelsregister. Im Vorfeld durchläuft sie verschiedene Gründungsphasen, die im Folgenden kurz dargestellt werden.

In der ersten Phase verhandeln die künftigen Gesellschafter über Regelungen hinsichtlich der Errichtung bzw. Ausgestaltung der späteren GmbH. Kommt es dabei zum Abschluss eines Vertrages, entsteht die Vorgründungsgesellschaft. Sie wird regelmäßig in der Rechtsform der BGB-Gesellschaft betrieben und ihr Gesellschaftszweck ist die Gründung der künftigen GmbH.[43]

Im nächsten Schritt bedarf es gemäß § 2 Abs. 1 GmbHG eines von sämtlichen Gesellschaftern unterschriebenen und notariell beurkundeten Gesellschaftsvertrages mit dem in § 3 GmbHG festgeschriebenen Mindestinhalt (Firma und Sitz der Gesellschaft, Unternehmensgegenstand, Betrag des Stammkapitals, Betrag der von jedem Gesellschafter zu leistende Stammeinlage). Mit Vorliegen dieser Voraussetzungen endet die Vorgründungsgesellschaft und es entsteht durch die notarielle Beurkundung der Satzung die Vor-GmbH bzw. die Vorgesellschaft.[44] Sie ist nicht identisch mit der späteren GmbH, sondern eine Organisationsform eigener Art (sui generis), die schon rechtsfähig ist (und damit in den Rechtsverkehr eintreten kann) und nach höchstrichterlicher Rechtsprechung mit ihrem Gesellschaftsvermögen haftet. Der bzw. die Gesellschafter haben nunmehr die nach § 7 Abs. 2 GmbHG vorgeschriebenen Stammeinlagen zu erbrin-

---

[43] Für diesen Absatz Eisenhardt (2005): Gesellschaftsrecht, § 44 Rn. 687 f.
[44] Hierzu und im Folgenden Eisenhardt (2005): Gesellschaftsrecht, § 44 Rn. 689 ff.

gen und die Gesellschaft beim zuständigen Handelsregister mit den in § 8 GmbHG aufgeführten Dokumenten anzumelden.

Sofern die Eintragung in das Handelsregister erfolgt ist, entsteht die GmbH als solche, d.h. also, dass in diesem Zeitpunkt die Haftung der Gesellschafter endgültig auf das Gesellschaftsvermögen beschränkt ist. Zudem gehen alle Rechte und Pflichten der Vor-GmbH auf die GmbH über. Zwischen Anmeldung zum und Eintragung in das Handelsregister vergehen bislang im Allgemeinen zwei bis sechs Wochen.[45] Das könnte sich schon bald ändern, denn der MoMiG-Entwurf sieht eine Beschleunigung des Eintragungsverfahrens vor.[46] Die Gründungskosten einer einfach strukturierten GmbH mit einem Stammkapital von 25.000 €, bestehend aus Notar- und Eintragungskosten, belaufen sich auf etwa 600 €.[47]

3.1.4. Organisationsstruktur

Die GmbH ist eine juristische Person und wird dementsprechend erst durch ihre Organe handlungsfähig. Das GmbHG schreibt zwingend vor, dass die Gesellschaft mindestens zwei Organe, nämlich einen Geschäftsführer und die Gesellschafterversammlung, haben muss. Zwischen beiden Organen kann auch Personenidentität bestehen. Darüber hinaus kann der Gesellschaftsvertrag auch die Bildung eines Aufsichtsrats vorsehen. Zwingend

---

[45] Mellert/Verfürth (2005): Wettbewerb der Gesellschaftsformen, S. 74 Rn. 6.

[46] BMJ, Entwurf eines Gesetzes zur Modernisierung des GmbH-Rechts und zur Bekämpfung von Missbräuchen (MoMiG). Danach sollen insbesondere die Abkopplung des Handelsregisterverfahrens von einer verwaltungsrechtlichen Genehmigung und der Verzicht auf Sicherheiten bei der Ein-Mann-GmbH zur Beschleunigung der GmbH-Gründung führen., vgl. Römermann (2006): Der Entwurf des „MoMiG" – die deutsche Antwort auf die Limited, erschienen in: GmbHR 2006, S. 674.

erforderlich ist dieser jedoch nur in mitbestimmten Unternehmen, d.h. also Unternehmen, in denen mehr als 500 Arbeitnehmer beschäftigt sind.[48]

3.1.4.1. Gesellschafterversammlung

Die Gesellschafterversammlung, bestehend aus der Gesamtheit der Gesellschafter, ist das oberste Willensbildungsorgan der GmbH. Die Gesellschafter entscheiden durch Beschluss über alle ihnen durch den Gesellschaftsvertrag oder durch Gesetz zugewiesenen Angelegenheiten. Der Gesellschaftsvertrag kann den Aufgabenkreis sowohl erweitern als auch einschränken (§ 45 Abs. 1 GmbHG). Das GmbHG kennt nur wenige Kompetenzvorschriften, in denen eine feste Zuständigkeit verankert ist und damit eine Erweiterung oder Einschränkung unzulässig ist. So sehen die §§ 35 ff. GmbHG beispielsweise zwingend vor, dass das Unternehmen nur durch den Geschäftsführer vertreten werden kann und dass die Gesellschafterversammlung u.a. zwingend für Satzungsänderungen (§ 53 GmbHG), das Einfordern von Nachschüssen (§ 26 GmbHG) und die Auflösung der Gesellschaft (§ 60 Abs. 1 Nr. 2 GmbHG) zuständig ist.[49]

3.1.4.2. Geschäftsführer

Die GmbH muss gemäß § 6 Abs. 1 GmbHG einen oder mehrere Geschäftsführer bestellen, wobei die genaue Zahl in der Satzung festgelegt wird. Er wird entweder durch den Gesellschaftsvertrag (§ 6 Abs. 3 GmbHG) oder durch einen Gesellschafterbeschluss bestellt (§ 45 Nr. 3 GmbHG) und übernimmt als Handlungsorgan

---

[47] Mellert/Verfürth (2005): Wettbewerb der Gesellschaftsformen, S. 75 Rn. 7.
[48] Raiser/Veil (2006): Recht der Kapitalgesellschaften, § 31 Rn. 1, 5.
[49] Eisenhardt (2005): Gesellschaftsrecht, § 44 Rn. 712 f.

der Gesellschaft die Geschäftsführung und die Vertretung nach außen (§ 35 Abs. 1 GmbHG). Werden mehrere Geschäftsführer bestellt, sind diese gemäß § 35 Abs. 2 GmbHG nur gemeinsam geschäftsführungs- und vertretungsberechtigt, soweit die Satzung keine abweichende Regelung enthält.

Der Geschäftsführer hat das Unternehmen gemäß § 43 Abs. 1 GmbHG im Rahmen des in der Satzung festgelegten Unternehmensgegenstandes mit der Sorgfalt eines ordentlichen Kaufmannes zu leiten. Er ist nach dem Gesetz u.a. dazu verpflichtet, eine ordnungsgemäße Buchhaltung und Bilanzierung sicherzustellen (§ 41 f. GmbHG), die Gesellschafterversammlung einzuberufen (§ 49 GmbHG), das Stammkapital der GmbH vor verbotenen Auszahlungen zu schützen (§§ 30, 43 Abs. 3 GmbHG), den unzulässigen Erwerb eigener Anteile zu verhindern (§§ 33, 43 Abs. 3 GmbHG), die Steuererklärungen der Gesellschaft abzugeben (§ 34 AO) und die Eröffnung des Insolvenzverfahrens im Falle einer Überschuldung oder Zahlungsunfähigkeit zu beantragen (§ 64 GmbHG).[50] Über die gesetzlich geregelten Mindestobliegenheiten hinaus ist der Geschäftsführer zur Geschäftsleitung nur befugt, soweit er durch die Satzung oder durch Weisungen bzw. Beschlüsse der Gesellschafter dazu ermächtigt wird. Seine Vertretungsmacht ist also im Innenverhältnis beschränkbar. Im Außenverhältnis hingegen erzeugt eine Beschränkung der Vertretungsmacht gemäß § 37 Abs. 2 GmbHG keine rechtliche Wirkung.

Im Übrigen kann gemäß § 6 Abs. 2 GmbHG jede natürliche unbeschränkt geschäftsfähige Person zum Geschäftsführer bestellt werden, die nicht betreut wird (§ 1903 BGB), in den letzten fünf Jahren nicht wegen einer Insolvenzstraftat nach den §§ 283 bis

---

[50] Lührsen (2005): GmbH oder Limited, S. 81 f. m.w.N.

283d StGB verurteilt worden ist und auch nicht einem Berufs- oder Gewerbeverbot bezüglich des Unternehmensgegenstandes unterliegt. Diese Ausschlusstatbestände sollen nach dem derzeitigen Stand der Reformbestrebungen noch um die aktienrechtlichen Straftatbestände der falschen Angaben gemäß § 399 AktG, der unrichtigen Darstellung gemäß § 400 AktG und der vorsätzlichen Pflichtverletzung gemäß § 401 AktG sowie die Paralleltatbestände des GmbHG (§§ 82 und 84 Abs. 1 GmbHG) erweitert werden.[51] Dabei sollen sämtliche Straftaten (also auch die bislang erfassten Straftaten nach § 283 ff. StGB) nur bei vorsätzlicher Begehung zur Amtsunfähigkeit führen. Die Geschäftsführer müssen (schon nach derzeit geltendem Recht) bei der Anmeldung der GmbH zum Handelsregister und bei späteren Bestellungen eine eidesstattliche Versicherung darüber abgeben, dass in ihrer Person keine Bestellungshindernisse bestehen (§ 8 Abs. 3 S. 1 i.V.m. § 6 Abs. 2 GmbHG). Falsche Angaben hierüber führen zum Schadensersatzanspruch der Gesellschaft (§ 9a GmbHG) und können zudem mit einer Geld- oder Freiheitsstrafe sanktioniert werden (§ 81 Abs. 1 Nr. 4 GmbHG).

3.2. Englische Limited

3.2.1. Begriff

Mit dem Begriff „englische Limited" oder "Ltd." ist die englische Kapitalgesellschaft „Private Company Limited by Shares" gemeint. Mit dieser Bezeichnung kommt zum Ausdruck, dass die Haftung der Gesellschafter gegenüber der Gesellschaft nur für die Abgeltung ihrer Anteile haften („Company Limited by Sha-

---

[51] BMJ, Entwurf eines Gesetzes zur Modernisierung des GmbH-Rechts und zur Bekämpfung von Missbräuchen (MoMiG), § 6 Abs. 2 S. 2 GmbHG-E, S. 41.

res") und zum anderen ihre erworbenen Anteile nicht zum öffentlichen Handel angeboten werden dürfen („Private Company").[52] Diese Gesellschaftsform ist nicht durch den Gesetzgeber, sondern durch die Rechtspraxis geschaffen worden, indem man das für die Public limited company geltende Recht fortbildete und so eine Rechtsform für den Mittelstand schuf.[53] Diese neue Organisationsform wurde dann erstmals im Jahre 1881 gerichtlich anerkannt und 1907 gesetzlich fixiert.

3.2.2. Rechtsquellen und anwendbares Recht

Wie bereits oben ausgeführt[54], werden grundsätzlich alle gesellschaftsrechtlichen Angelegenheiten einer englischen Limited mit Verwaltungssitz in Deutschland nach ihrem heimischen Gesellschaftsrecht beurteilt. Dieses wird vom sog. Case Law dominiert, welches durch gesetzliche Regelungen, insbesondere durch den Companies Act 1985 und 1989, ergänzt wird.[55] Darüber hinaus können auch die Vorschriften anderer Gesetze wie beispielsweise die des Insolvency Act 1986 und des Company Directors Disqualification Act 1986 einschlägig sein.[56] In diesem Zusammenhang ist darauf aufmerksam zu machen, dass das englische Gesellschaftsrecht derzeit reformiert wird. Ein entsprechendes Reformwerk („Company Law Reform Bill"), das auch das Recht der englischen Limited betrifft, wurde bereits im November letzten Jahres in das House of Lords eingebracht und wird aller Voraussicht nach noch in diesem Jahr verabschiedet.[57] Auf die

---

[52] Heckschen/Köklü/Maul (2005): Private Limited Company, S. 24 Rn. 76.
[53] Hierfür und im Folgenden Tiedemann (2006): Rechtsformwahl unter dem Aspekt der Niederlassungsfreiheit, S. 222 f.
[54] Siehe dazu näher oben Kapitel 2.3 bis 2.5.
[55] Braun (2006): Limited statt GmbH: Wann bricht die Gründungswelle, S. 4.
[56] Rehm (2005b): Die Private Company by Shares (Ltd.) nach englischem Recht, § 10 Rn. 7.

sicht nach noch in diesem Jahr verabschiedet.[57] Auf die für diese Arbeit relevanten Einzelheiten dieses Gesetzesentwurfes wird jeweils an gegebener Stelle eingegangen.

Für schuldrechtliche Verträge, die eine englische Limited mit Verwaltungssitz in Deutschland mit einem Gläubiger schließt, ergibt sich das anwendbare Recht aus Art. 28 EGBGB. Danach unterliegt der Vertrag dem Recht des Staates, mit dem er die engste Verbindung aufweist. Zur Ermittlung der objektiv engsten Verbindung dienen die gesetzlichen Vermutungen des Art. 28 Abs. 2 bis 4 EGBGB. Von besonderer Relevanz ist hierbei Art. 28 Abs. 2 EGBGB. Danach bestimmt sich die engste Verbindung und damit das anwendbare Recht nach dem gewöhnlichen Aufenthaltsort oder bei einer juristischen Person nach dem Sitz der Hauptverwaltung derjenigen Partei, die die charakteristische Leistung zu erbringen hat. Bei entgeltlichen Austauschverträgen erbringt regelmäßig diejenige Partei die charakteristische Leistung, welche die Sachleistung schuldet (z.B. Vermieter oder Verkäufer). Ist also die englische Limited Sachleistungsschuldner, richtet sich der Vertrag nach deutschem Recht. Trifft sie hingegen nur eine Zahlungspflicht, hängt die Anwendung des deutschen Rechts von dem gewöhnlichen Aufenthaltsort oder Sitz des Vertragspartners ab. Dieser Grundsatz gilt allerdings gemäß Art. 28 Abs. 1 EGBGB nur dann, wenn die Vertragsparteien nicht ausdrücklich oder stillschweigend eine Rechtswahl getroffen haben. Außerdem ist Art. 28 EGBGB nicht bei Verbraucherverträgen heranzuziehen. Hier ist nach Art. 29 Abs. 2 EGBGB das Recht des Staates maßgeblich, in dem der Verbraucher seinen gewöhnlichen Aufenthalt hat.

---

[57] Vorpeil (2006): Neuere Entwicklungen im englischen Handels- und Wirtschaftsrecht, erschienen in: RIW 2006, S. 231.

Begehen die englische Limited mit Verwaltungssitz in Deutschland oder ihre Mitglieder eine unerlaubte Handlung, ist Art. 40 EGBGB maßgeblich. Danach kann, wenn Ersatzpflichtiger und Verletzter ihren gewöhnlichen Aufenthalt in unterschiedlichen Staaten haben, sowohl das Recht des Staates, in dem die schädigende Handlung vorgenommen wurde (Handlungsort) als auch das Recht des Staates, in dem der schädigende Erfolg eingetreten ist (Erfolgsort), zur Anwendung kommen. Die Entscheidung liegt nach Art. 40 Abs. 1 S. 2 EGBGB letztlich beim Verletzten. Haben Ersatzpflichtiger und Verletzter hingegen ihren gewöhnlichen Aufenthaltsort in demselben Staat, so ist nach Art. 40 Abs. 2 EGBGB das Recht dieses Staates anzuwenden. Gewöhnlicher Aufenthaltsort bei Gesellschaften ist der Ort ihrer Hauptverwaltung. Dementsprechend kommt also in jedem Fall deutsches Recht zur Anwendung, wenn die englische Limited ihren Verwaltungssitz in Deutschland hat und sich auch der Verletze hauptsächlich in Deutschland aufhält.

Das für die vorliegend behandelten englischen Gesellschaften anwendbare Insolvenzrecht ergibt sich aus Art. 4 Abs. 1 EuInsVO. Demnach findet auf das Insolvenzverfahren und seine Wirkungen das Insolvenzrecht des Staates Anwendung, in dem das Insolvenzverfahren über das Vermögen der Gesellschaft eröffnet wird. Da das Hauptinsolvenzverfahren in Deutschland eröffnet wird[58], sind also auch die deutschen Insolvenzrechtsregelungen anzuwenden.

3.2.3. Gerichtsstand

Die gerichtliche Zuständigkeit bei Streitigkeiten zwischen der englischen Limited und einer gesellschaftsexternen Partei ist in Art. 2

---

[58] Siehe dazu näher unten Kapitel 3.2.3.

i.V.m. Art. 60 EuGVO geregelt. Nach Art. 2 EuGVO sind Personen, die ihren Wohnsitz im Hoheitsgebiet eines Mitgliedstaates haben, ohne Rücksicht auf ihre Staatsangehörigkeit vor den Gerichten dieses Mitgliedstaates zu verklagen. Gesellschaften und juristische Personen haben gemäß Art. 60 EuGVO ihren gewöhnlichen Wohnsitz an dem Ort, an dem sich ihr satzungsmäßiger Sitz, ihre Hauptverwaltung oder ihre Hauptniederlassung befindet. Eine englische Limited mit Verwaltungssitz in Deutschland hat in England ihren satzungsmäßigen Sitz (Anschrift des registered office), in Deutschland ihre Hauptverwaltung (Sitz der Unternehmensleitung) und auch in Deutschland ihre Hauptniederlassung.[59] In der ersten Alternative wären also die englischen und in den letzten beiden Alternativen die deutschen Gerichte zuständig. Der Kläger kann also selbst entscheiden, ob er die Gesellschaft in England oder in Deutschland verklagen will. Von dieser allgemeinen Vorschrift gibt es allerdings einige Ausnahmeregelungen, die bei Streitigkeiten aus Verträgen an den Erfüllungsort (Art. 5 Abs. 1 EuGVO), bei deliktischen Ansprüchen an den Tatort (Art. 5 Abs. 3 EuGVO) und bei dinglichen Sachen an den Belegenheitsort (Art. 22 EuGVO) anknüpfen. Auch gelten bei Klagen von Verbrauchern gesonderte Vorschriften (Art. 15- 17 EuGVO).

Für bestimmte gesellschaftsinterne Streitigkeiten ist die (ausschließliche) gerichtliche Zuständigkeit in Art. 22 Nr. 2 EuGVO geregelt. Danach sind für Klagen, welche die Gültigkeit, die Nichtigkeit oder die Auflösung einer Gesellschaft oder juristischen Person oder die Gültigkeit der Beschlüsse ihrer Organe zum Gegenstand haben, ausschließlich die Gerichte des Mitgliedstaates zuständig, in dessen Hoheitsgebiet die Gesellschaft oder juristische Person ihren Sitz hat. Bei der Entscheidung darüber, wo sich der

---

[59] Heinz (2004a): Die englische Limited, § 2 Rn. 5.

Sitz befindet, wendet das Gericht die Vorschriften seines Internationalen Privatrechts an. Da in England die Gründungstheorie gilt, werden diese speziellen Angelegenheiten nach englischem Recht vor den englischen Gerichten beurteilt. Für alle anderen, nicht von Art. 22 Nr. 2 EuGVO erfassten, gesellschaftsrechtlichen Streitigkeiten ist weiterhin Art. 60 EuGVO maßgeblich.

Die gerichtliche Zuständigkeit für die Eröffnung des (Haupt-) Insolvenzverfahrens über das Vermögen einer doppelansässigen englischen Limited ergibt sich aus Art. 3 Abs. 1 EuInsVO. Danach sind die Gerichte des Mitgliedstaates zuständig, in dem der Schuldner seinen hauptsächlichen Interessenmittelpunkt hat. Für Gesellschaften und juristische Personen stellt Art. 3 Abs. 1 S. 1 EuInsVO die widerlegliche Vermutung auf, dass der Mittelpunkt ihrer hauptsächlichen Interessen der Ort des satzungsmäßigen Sitzes (vorliegend also England) ist. Es ist jedoch allgemein anerkannt, dass das Insolvenzgericht trotz dieser Vermutungsregel von Amts wegen den hauptsächlichen Interessenmittelpunkt zu ermitteln hat.[60] Dieser liegt bei einer EU-Auslandsgesellschaft regelmäßig in Deutschland.

3.2.4. Gründung

3.2.4.1. Gründung in England

Für die Errichtung einer englischen Limited ist, auch wenn sie von Beginn an ausschließlich in Deutschland tätig wird, allein das englische Recht maßgeblich.[61] Danach kann – wie Internetanbieter und Unternehmensberater stets hervorheben – eine englische Limited in der Tat schnell, einfach und kostengünstig gegründet werden.

---

[60] Spahlinger/Wegen (2005): Für Gesellschaften relevante Sachverhalte mit Auslandsberührung, S. 190 Rn. 715.

Der bzw. die Gründer haben zunächst eine Satzung zu erstellen und die Formblätter Form 10 und Form 12 auszufüllen, welche dann anschließend beim zentralen Handelsregister (dem Companies House in Cardiff) zusammen mit dem Scheck über die Eintragungsgebühr in Höhe von 20 GBP (ca. 29 €) einzureichen sind.[62]

Die Satzung besteht aus dem memorandum of association und den articles of association, wobei ersteres das Außenverhältnis und letzteres das Innenverhältnis regelt. Für beide Teile gibt es Mustersatzungen, die auch in elektronischer Form erhältlich sind. Mindestinhalt des memorandum of association sind die Firma, die zwingend den Zusatz „limited" bzw. die entsprechende Abkürzung beinhalten muss, den Sitz der Gesellschaft, der zwingend in England oder Wales liegen muss, den Unternehmensgegenstand und Angaben hinsichtlich der Gesellschaftsform, der Haftungsbeschränkung der Gesellschafter, der Höhe des Nominalkapitals sowie dessen Aufteilung in Anteile. Die articles of association müssen nicht unbedingt gesondert regelt werden, da hier automatisch das im Companies Act 1985 verankert Muster gilt, sofern die Gründer nichts Abweichendes vereinbart haben. Hierin finden sich u.a. Regelungen zu den Kapitaleinlagen, den Gattungen von Anteilen und den daran geknüpften Rechten, der Übertragung von Gesellschaftsanteilen sowie der Bestellung und Abberufung der Geschäftsführer und des Sekretärs.[63]

Das Formblatt „First directors and secretary and intended situation of registered office" (Form 10) enthält persönliche Daten des Geschäftsführers und des Sekretärs (Namen, Geburtsdaten, Ad-

---

[61] Heckschen/Köklü/Maul (2005): Private Limited Company, S. 28 Rn. 102.
[62] Just (2005): Die englische Limited in der Praxis, S. 8 Rn. 29.
[63] Für diesen Absatz Heckschen/Köklü/Maul (2005): Private Limited Company, S. 31 Rn. 107 f.

ressen, Staatsangehörigkeiten) sowie Angaben über den Namen und die Anschrift (registered office) der Gesellschaft. In Formblatt 12 („Declaration on application for registration") hat ein Solicitor, Geschäftsführer oder Sekretär eidesstattlich zu versichern, dass die gesetzlichen Gründungsvorschriften befolgt wurden.[64]

Der Registrar of Companies prüft anschließend die eingereichten Dokumente und erteilt bei einem positiven Ergebnis eine Gründungsbescheinigung, ein sog. certificate of incorporation, wodurch die Limited ihre Rechtsfähigkeit erlangt. Dies geschieht in der Regel innerhalb von 5 Tagen. Auf Wunsch der Gründer kann die Prüfung (gegen Erhebung einer zusätzlichen Gebühr) aber auch derart beschleunigt werden, dass sich die Gründung innerhalb von 24 Stunden vollzieht.[65] Erst ab diesem Zeitpunkt existiert die Limited und kann in den Geschäftsverkehr eintreten.[66] Das Rechtsinstitut der „Vorgesellschaft" existiert im englischen Recht nicht. Werden vor der Registrierung, d.h. also vor Erlangung der Rechtsfähigkeit Verträge im Namen der (noch nicht existenten) Kapitalgesellschaft geschlossen, so verpflichtet sich gem. sec. 36 C CA 1985 der Handelnde (promoter) persönlich. Die Parteien können diese persönliche Haftung allerdings ausdrücklich ausschließen.

3.2.4.2. Eintragung ins zuständige deutsche Handelsregister

Darüber hinaus hat eine englische Limited mit Verwaltungssitz in Deutschland nach Ansicht der herrschenden Meinung in der Lite-

---

[64] Tiedemann (2006): Rechtsformwahl unter dem Aspekt der Niederlassungsfreiheit, S. 233 f.
[65] Kasolowski (2005): Die Private Limited Company – England und Wales, § 4 Rn. 12.
[66] Hierfür und für die übrigen Ausführungen dieses Absatzes Rehm (2005b): Die Private Company by Shares (Ltd.) nach englischem Recht, § 10 Rn. 12.

ratur nach den §§ 13d ff. HGB die Pflicht, ihre (deutsche) Hauptniederlassung als Zweigniederlassung beim zuständigen Handelsregister anzumelden.[67] Begründet wird dies insbesondere damit, dass bei einer ausländischen Gesellschaft, die de facto betrachtet ihre Hauptniederlassung in Deutschland hat, sämtliche Voraussetzungen einer eintragungspflichtigen ausländischen Zweigniederlassung, nämlich eine Tätigkeit von gewisser Dauer sowie die räumliche, personelle und organisatorische Selbständigkeit, zwangsläufig erfüllt sind und sie daher wie eine solche zu behandeln ist; auf die von § 13d Abs. 1 HGB vorausgesetzte Existenz einer Hauptniederlassung im Ausland soll es auf Grund der gemeinschaftsrechtlichen Vorgaben[68] hingegen nicht ankommen. Auch die Rechtsprechung tendiert zur Eintragungspflicht von Auslandsgesellschaften. So wurde sie beispielsweise vom AG Bad Segeberg[69] sowie vom OLG Zweibrücken[70] ausdrücklich bejaht und der BGH[71] hat sie zumindest nicht in Frage gestellt.

Die Anmeldung hat unmittelbar nach der Errichtung der Niederlassung beim zuständigen Amtsgericht zu erfolgen und muss die

---

[67] So u.a. Happ/Holler (2004): „Limited" statt GmbH, erschienen in: DStR 2004, S. 734; Heckschen/Köklü/Maul (2005): Private Limited Company, S. 38 Rn. 125 ff.; Just (2005): Die englische Limited in der Praxis, S. 9 f. Rn. 39 ff.; Mellert/Verfürth (2005): Wettbewerb der Gesellschaftsformen, S. 250 Rn. 16 ff.; a.A.: Degenhard (2004): Die „Limited" in Deutschland, S. 42; Hirte (2005): Die Limited mit Sitz in Deutschland – Abkehr von der Sitztheorie nach Centros, Überseering und Inspire Art, § 1 Rn. 32 f.

[68] Aus der Entscheidung des EuGH in Sachen „Inspire Art" kann geschlussfolgert werden, dass es dem EuGH nicht auf eine inhaltliche Unterscheidung zwischen Haupt- und Zweigniederlassung ankommt, sondern dass eine Zweigniederlassung immer dann vorliegt, wenn in einem anderen als dem Mitgliedstaat, in dem die Gesellschaft gegründet und eingetragen wurde, eine Geschäftstätigkeit ausgeübt wird, auch wenn sie den tatsächlichen Mittelpunkt der geschäftlichen Tätigkeit darstellt., vgl. Mellert/Verfürth (2005): Wettbewerb der Gesellschaftsformen, S. 38 Rn. 125.

[69] AG Bad Segeberg, GmbHR 2005, S. 886.

[70] OLG Zweibrücken, BB 2003, S. 864.

in den §§ 13d, 13 e und 13g HGB festgelegten Angaben (Anschrift und Gegenstand der Zweigniederlassung, Registergericht
des Sitzes der Gesellschaft und die Registernummer, Rechtsform,
Geschäftsführer und deren Befugnisse, Firma und Sitz der Gesellschaft, Unternehmensgegenstand, Höhe des Stammkapitals, Tag
des Abschlusses des Gesellschaftsvertrages) enthalten. Sie ist zudem von den vertretungsberechtigten Geschäftsführern zu un-
terschreiben (§ 13 e Abs. 2 HGB) und notariell zu beglaubigen
(§ 12 Abs. 1 HGB). Im Übrigen sind dem Registergericht ein
Nachweis über die Existenz der Gesellschaft und der Legitimation
der Geschäftsführer sowie der Gesellschaftsvertrag in öffentlich
beglaubigter Abschrift und versehen mit einer beglaubigten
deutschen Übersetzung vorzulegen.

Wird die Anmeldung der Eintragung zum Handelsregister unter-
lassen, kann diese nur durch die in § 14 HGB verankerte Zwangs-
geldandrohung durchgesetzt werden. Eine persönliche Handelndenhaftung des bzw. der Geschäftsführer analog
§ 11 Abs. 2 GmbHG hingegen kommt nach dem Urteil des BGH
vom 14.3.2005[72] als nationale Sanktionsmaßnahme grundsätzlich
nicht in Betracht.

3.2.5. Organisationsstruktur

Auch die Organisationsstruktur der englischen Limited richtet sich
nach dem Gesellschafts- bzw. Personalstatut und dementsprechend nach dem englischen Recht.[73]

Danach muss eine solche Gesellschaft zwingend über eine Gesellschafterversammlung (general meeting) sowie einen Ge-

---

[71] BGH, ZIP 2005, S. 805.
[72] BGH, ZIP 2005, S. 805.
[73] Heckschen/Köklü/Maul (2005): Private Limited Company, S. 70 Rn. 250.

schäftsführer (director) als Gesellschaftsorgane und einen Gesellschaftssekretärs (secretary) verfügen.[74]

3.2.5.1. Gesellschafterversammlung (general meeting)

Die Gesellschafterversammlung (generell meeting) einer englischen Limited ist mit der einer GmbH vergleichbar. Durch dieses Organ üben der bzw. die Gesellschafter (members) genau wie bei der GmbH durch Beschlussfassung ihre Rechte aus.[75] In der Praxis entscheidet diese vor allem über „Kapitalmaßnahmen, Gewinnausschüttungen, Billigung des Jahresabschlusses, Bestellung und Abberufung der directors und secretaries".[76] Sie wird in der Regel von den Geschäftsführern einberufen[77] und hat gem. sec. 366 CA 1985 mindestens einmal jährlich und zudem innerhalb von 15 Monaten seit der letzten Gesellschafterversammlung zu tagen.[78] Im Rahmen der englischen Gesellschaftsrechtsreform ist allerdings geplant, die Pflicht zur Abhaltung einer jährlichen ordentlichen Gesellschafterversammlung abzuschaffen.[79]

3.2.5.2. Geschäftsführung (director, board of directors)

Die englische Limited benötigt gemäß sec. 282 CA 1985 mindestens einen Geschäftsführer (director), der die Gesellschaft, soweit nichts Abweichendes vereinbart wurde, uneingeschränkt leitet und sie nach außen vertritt (sec. 35A (1) CA 1985). Sind mehrere

---

[74] Braun (2006): Limited statt GmbH: Wann bricht die Gründungswelle, S. 7 f.
[75] Mellert/Verfürth (2005): Wettbewerb der Gesellschaftsformen, S. 109 Rn. 66.
[76] Mellert/Verfürth (2005): Wettbewerb der Gesellschaftsformen, S. 109 Rn. 66.
[77] Just (2005): Die englische Limited in der Praxis, S. 20 Rn. 85.
[78] Mellert/Verfürth (2005): Wettbewerb der Gesellschaftsformen, S. 109 Rn. 66.
[79] Jänig (2006): Die Company Law Reform Bill: Zur Reform des Gesellschaftsrechts im Vereinigten Königreich, erschienen in: RIW 2006, S. 271.

Geschäftsführer (board of directors) bestellt, so sind diese, solange die Satzung (articles of association) keine andere Regelung
enthält, nur gemeinsam zur Vertretung der Gesellschaft berechtigt. Dritte müssen sich allerdings nicht über die Vertretungsver-
hältnisse einer Gesellschaft informieren, sondern können – solange sie in gutem Glauben handeln – auf die Vertretungsmacht
des Geschäftsführers vertrauen, d.h. also, dass auch bei einer
Überschreitung der Befugnisse die Limited wirksam vertreten
wird.[80]

Geschäftsführer kann im Übrigen nach derzeit geltendem Recht
jede geschäftsfähige natürliche oder auch juristische Person
sein.[81] Der englische Gesetzgeber plant jedoch, ein Mindestalter
von 16 Jahren bei natürlichen Personen einzuführen und die Bestellung juristischer Personen nur noch dann zuzulassen, wenn
mindestens ein Geschäftsführer eine natürliche Person ist.[82] Auch
kann dieses Amt durch die Gesellschafter selbst ausgeübt werden, wovon in der Praxis oftmals Gebrauch gemacht wird.[83] Als
Geschäftsführer darf hingegen nicht tätig sein, wem die Ausübung dieses Amtes für eine bestimmte Zeit (zwischen 2 und 15
Jahren) durch einen gerichtlichen Disqualifikationsbeschluss (disqualification order) untersagt ist.[84] Eine solche Untersagung er-

---

[80] Für diesen Absatz Kasolowski (2005): Die Private Limited Company – Eng-
     land und Wales, § 4 Rn. 25 ff.
[81] Heckschen/Köklü/Maul (2005): Private Limited Company, S. 73 Rn. 257.
[82] Jänig (2006): Die Company Law Reform Bill: Zur Reform des Gesell-
     schaftsrechts im Vereinigten Königreich, erschienen in: RIW 2006, S. 273.
[83] Luke (2005): Die U.K. Limited, S. 33.
[84] Hierzu und im Folgenden Heckschen/Köklü/Maul (2005): Private Limited
     Company, S. 84 Rn. 288; Just (2005): Die englische Limited in der Praxis,
     S. 40 Rn. 173 ff. Disqualifizierte Personen dürfen für die Zeit des Berufsver-
     botes überdies weder als Insolvenzverwalter oder Verwalter der Gesell-
     schaft noch als Zwangsverwalter oder Manager des Eigentums der Ge-
     sellschaft tätig werden und additiv nicht in irgendeiner Weise direkt oder
     indirekt an der Gründung oder Leitung einer Gesellschaft mitwirken., vgl.

folgt nach dem CDDA 1986, wenn ein Geschäftsführer eine schwere Straftat im Zusammenhang mit der Gründung, Führung oder Liquidation einer Gesellschaft verübt, wegen fraudulent oder wrongful trading verurteilt wurde, seine Mitteilungspflichten gegenüber dem Gesellschaftsregister kontinuierlich vernachlässigt oder die Insolvenz einer Gesellschaft auf Grund seiner ungeeigneten Geschäftsleitung schuldhaft herbeigeführt hat. Diese disqualifizierten Personen werden vom Companies House veröffentlicht und können auch über das Internet abgerufen werden. Hält sich der Geschäftsführer nicht an dieses Berufsverbot, macht er sich nach sec. 15 CDDA 1986 schadensersatzpflichtig. Diesem Instrument zum präventiven Schutz der (englischen) Öffentlichkeit vor Aktivitäten eines unseriösen bzw. ungeeigneten Geschäftsleiters kommt in der englischen Rechtspraxis eine erhebliche Bedeutung zu.[85] Allerdings ist bislang nicht zweifelsfrei geklärt und in der Literatur auch kaum erörtert, inwieweit dem Geschäftsführer einer in Deutschland ansässigen englischen Limited ein solches Berufsverbot auferlegt werden kann. *Tiedemann* nimmt zwar an, dass die englischen Gerichte den CDDA 1986 auch auf Geschäftsführer einer Briefkastengesellschaft anwenden können, stellt jedoch das Interesse der englischen Behörden an der Disqualifizierung des Geschäftsführers einer englischen Gesellschaft mit Hauptverwaltungssitz im Ausland (wegen der fehlenden Auswirkungen auf den englischen Rechtsverkehr) in Frage.[86]

Tiedemann (2006): Rechtsformwahl unter dem Aspekt der Niederlassungsfreiheit, S. 259.

[85] Just (2005): Die englische Limited in der Praxis, S. 40 Rn. 171, 174.

[86] Tiedemann (2006): Rechtsformwahl unter dem Aspekt der Niederlassungsfreiheit, S. 261 f.; so auch Zöllner (2006): Konkurrenz für inländische Kapitalgesellschaften durch ausländische Rechtsträger, insbesondere durch die englische Private Limited Company, erschienen in: GmbHR 2006, S. 8.

Deutsche Gerichte können hingegen kein Berufsverbot nach
Maßgabe des CDDA 1986 aussprechen, da diese Normen öf-
fentlich-rechtlich zu qualifizieren sind.[87] Weiterhin ist strittig und
bislang auch noch nicht höchstrichterlich geklärt, ob Personen,
die im Inland einem Bestellungsverbot nach § 6 Abs. 2 GmbHG
unterliegen, als Geschäftsführer einer englischen Limited mit Tätigkeitsschwerpunkt in Deutschland eingesetzt werden dürfen.[88]
Das OLG Thüringen verneinte dies, machte aber zugleich darauf
aufmerksam, dass diese Bestellungshindernisse im Regelfall unter-
laufen werden können, da das Registergericht hiervon regelmäßig keine Kenntnis erhält und demzufolge die Eintragung der
Zweigniederlassung auch dann vornehmen wird, wenn ein Be-
stellungshindernis vorliegt.[89] Dem soll im Rahmen der GmbH-
Reform abgeholfen werden. So sieht zum einen die Neuregelung
des § 13e Abs. 3 S. 2 HGB-E vor, dass die Ausschlustatbestände
der § 6 Abs. 2 S. 2 GmbHG (und § 76 Abs. 2 S. 2 AktG) auch für
die gesetzlichen Vertreter einer ausländischen Kapitalgesellschaft mit Zweigniederlassung im Inland gelten.[90] Zum anderen
sollen die Geschäftsführer und Vorstandsmitglieder künftig in der
Anmeldung der inländischen Zweigniederlassung die Versicherung abgeben, dass keine Bestellungshindernisse bestehen (§ 13f
Abs. 2 und § 13g Abs. 2 HGB-E); gleiches soll auch für spätere

---

[87] Tiedemann (2006): Rechtsformwahl unter dem Aspekt der Niederlas-
      sungsfreiheit, S. 262 m.w.N.
[88] Eingehend dazu OLG Thüringen, GmbHR 2006, S. 541 ff.
[89] OLG Thüringen, GmbHR 2006, S. 541 ff. Das OLG Thüringen entschied,
      dass die Eintragung einer Zweigniederlassung einer englischen Limited in
      das Handelsregister verweigert werden kann, wenn gegen den allein-
      vertretungsberechtigten Geschäftsführer der Gesellschaft ein (deut-
      sches) Gewerbeverbot verhängt wurde (Anmerkung: nicht rechtskräftig,
      da Vorlage an den BGH).
[90] BMJ, Entwurf eines Gesetzes zur Modernisierung des GmbH-Rechts und
      zur Bekämpfung von Missbräuchen (MoMiG).

Anmeldungen neuer gesetzlicher Vertreter gelten (§ 13f Abs. 5 und § 13g Abs. 5 HGB-E).

3.2.5.3. Company secretary

Der – dem deutschen Gesellschaftsrecht völlig unbekannte – Gesellschaftssekretär wird in der Regel von dem oder den Geschäftsführern bestellt und ist vor allem für die Erfüllung von administrativen Aufgaben wie beispielsweise die Einberufung der Gesellschafterversammlung und die Protokollierung deren Beschlüsse, die Abgabe des Jahresberichtes (annual return) oder die Führung des Gesellschaftsverzeichnisses zuständig, wobei der Aufgabenkreis von jeder Gesellschaft individuell festgelegt werden kann. Dieses Amt kann unabhängig von einer bestimmten Berufsqualifikation sowohl von einer (nicht gerichtlich disqualifizierten) natürlichen als auch von einer juristischen Person übernommen werden. Auch ist es zulässig, dass ein Geschäftsführer diesen Posten übernimmt. Voraussetzung hierfür ist allerdings, dass die Gesellschaft über mindestens zwei Geschäftsführer verfügt. Damit wird gewährleistet, dass die Gesellschaft immer von mindestens zwei (natürlichen oder juristischen) Personen geführt wird. In der englischen Praxis hängt es im Wesentlichen von der Größe des Unternehmens ab, wer zum „secretary" ernannt wird. Während bei kleinen Unternehmen (wegen der überschaubaren administrativen Aufgaben) diese Funktion in der Regel der Geschäftsführer einnimmt, werden bei größeren Unternehmen häufig Rechtsanwälte, Wirtschaftsprüfer oder andere darauf spezialisierte Agenturen eingesetzt. In Deutschland stellen die Anbieter von Limited-Dienstleistungen für eine geringe Jahresgebühr einen Gesellschaftssekretär. Dieses Amt soll jedoch, um die englische Limited wettbewerbsfähiger zu gestalten, künftig nicht mehr zwingend erforderlich sein.[91]

---

[91] Für diesen Absatz Heckschen/Köklü/Maul (2005): Private Limited Company, S. 89 ff. Rn. 315 ff.

4. Wesentliche Vergleichskriterien

Im Rahmen der Grundlagen beider Gesellschaftsformen wurde bereits ein relevanter Gläubigerschutzaspekt angesprochen: der Schutz des Rechtsverkehrs vor ungeeigneten bzw. unseriösen Personen. Daneben sind – wie die nachfolgenden Ausführungen zeigen – für die Gläubiger einer Kapitalgesellschaft aber auch der Kapitalschutz, die Haftung der Organe sowie die Rechnungslegung und Publizität von erheblicher Relevanz.

4.1. Kapitalverfassung

Da bei Kapitalgesellschaften den Gläubigern im Haftungs- bzw. Krisenfall grundsätzlich nur das Gesellschaftsvermögen zur Verfügung steht, ist für sie zum einen von sehr großem Interesse, inwieweit die jeweilige Gesellschaftsform ein gesetzlich vorgeschriebenes Mindestkapital hat und wie dieses von den Gesellschaftern aufzubringen ist. Zum anderen ist von Bedeutung, wie das versprochene bzw. aufgebrachte Kapital erhalten, d.h. also vor nachträglichen Zugriffen der Gesellschafter geschützt wird.

4.2. Haftung

Bei beiden Kapitalgesellschaften haftet – wie bereits ausgeführt – den Gläubigern gegenüber grundsätzlich nur die Gesellschaft mit ihrem gesamten Gesellschaftsvermögen. Dies hilft den Vertragspartnern jedoch nicht weiter, wenn die Gesellschaft nicht mehr über die notwendigen finanziellen Mittel verfügt, um ihre Verbindlichkeiten zu tilgen. Daher ist für sie von besonderer Bedeutung, inwieweit die Gesellschafter und Geschäftsführer persönlich (von der Gesellschaft und von Dritten) in Anspruch genommen werden können.

4.3. Rechnungslegungs- und Publizitätsvorschriften

Auch haben die Gläubiger ein gesteigertes Interesse an der Veröffentlichung von Unterlagen und Informationen über die Gesellschaft, mit der Geschäfte getätigt werden sollen. Denn durch
aktuelle und aussagekräftige Gesellschaftsdaten, insbesondere
durch den Jahresabschluss, können sie sich ein reales Bild über
die wirtschaftliche Lage (Vermögens-, Finanz- und Ertragslage)
des Unternehmens machen und so gegebenenfalls zusätzliche
Sicherheiten verlangen oder gar von einer Geschäftsbeziehung
Abstand nehmen.

5. Kapitalverfassung

Ziel dieses Kapitel ist es, die Kapitalverfassungen der GmbH und der englischen Limited mit Verwaltungssitz in Deutschland zu analysieren und problemorientiert zu vergleichen.

5.1. GmbH

5.1.1. Kapitalaufbringung

Die Kapitalaufbringung der GmbH ist in den §§ 5, 7, 9 GmbHG geregelt. Danach beträgt das Stammkapital mindestens 25.000 €.[92] Dieses Mindeststammkapital setzt sich aus den Stammeinlagen der Gesellschafter zusammen. Jeder Gesellschafter muss eine Einlage von mindestens 100 € übernehmen. Zum Zeitpunkt der Eintragung der Gesellschaft in das Handelsregister müssen nach § 7 Abs. 2 GmbHG insgesamt mindestens 12.500 € aller Stammeinlagen und zudem von jedem einzelnen Gesellschafter mindestens 25 % seiner Einlage eingezahlt worden (und unversehrt vorhanden) sein. Dabei können die Einzahlungen in Form von Barzahlungen oder vorbehaltlosen Überweisungen auf ein Konto der Vorgesellschaft oder ein Treuhandkonto vorgenommen werden.[93] Unzulässig ist demgegenüber die Verrechnung der Einlageverpflichtung mit einer Forderung des

---

[92] Gemäß § 5 Abs. 1 GmbHG stellen die 25.000 € nur das Mindeststammkapital dar, d.h. den Gesellschaftern ist es gestattet, entweder gleich von Beginn an in der Gründungsurkunde ein höheres Stammkapital festzulegen oder später bei Bedarf das Stammkapital zu erhöhen. Die Kapitalerhöhung der GmbH ist in den §§ 55 f. GmbHG geregelt. Danach kann die Erhöhung des Stammkapitals nur durch eine Änderung des Gesellschaftsvertrages und damit einhergehend durch einen Beschluss der Gesellschafterversammlung herbeigeführt werden. Im Übrigen gelten die oben dargestellten Kapitalaufbringungsvorschriften.

[93] Raiser/Veil (2006): Recht der Kapitalgesellschaften, § 26 Rn. 40 f.

Gründers gegenüber der Gesellschaft (§ 19 Abs. 2 S. 2 GmbHG). Bei der Gründung einer Einpersonen-GmbH muss zudem für den noch fehlenden Betrag eine Sicherung bestellt werden (§ 7 Abs. 2 GmbHG). Darüber hinaus ist es zulässig, statt der Bareinlage eine Sacheinlage (z.b. abtretbare Forderungen gegen Dritte, Grundstücke, Maschinen, Waren, Wertpapiere[94]) zu leisten. Diese bedürfen allerdings eines Sachgründungsberichtes und sind bei Gründung vollständig zu leisten. Erreicht der Wert einer Sacheinlage bei der Anmeldung der Gesellschaft zum Handelsregister nicht den versprochenen Wert, hat der Gesellschafter gemäß § 9 GmbHG für den Unterschied zwischen dem Wert der Sacheinlage und dem Betrag der dafür übernommenen Stammeinlage in Geld aufzukommen (sog. Differenzhaftung).

Ferner müssen die geleisteten Stammeinlagen der Gesellschafter im Zeitpunkt der Eintragung in das Handelsregister frei zur Verfügung stehen, da ansonsten keine wirksame Kapitalaufbringung erfolgt und der Gesellschafter damit weiterhin zur Erbringung seiner Einlage verpflichtet ist. Das bedeutet zunächst, dass der Gesellschafter keine Abreden treffen darf, wonach das Geleistete unmittelbar oder mittelbar wieder an ihn zurückfließt. Überdies ist es unzulässig, die erforderliche Stammeinlage aus Gesellschaftsmitteln (z.B. durch Gewährung eines Darlehens der GmbH an den Gesellschafter) zu finanzieren.[95]

Diese im Vergleich zu anderen Rechtsordnungen strengen Kapitalaufbringungsvorschriften stellen (zusammen mit den nachfolgenden Kapitalerhaltungsregelungen) nach allgemeiner Ansicht den Ausgleich für die rechtliche Selbständigkeit der Gesellschaft und damit einhergehend für die Haftungsbeschränkung der Ge-

---

[94] Raiser/Veil (2006): Recht der Kapitalgesellschaften, § 26 Rn. 56.

sellschafter dar.[95] Dem Mindestkapital wird dabei insbesondere die (gläubigerschützende) Funktion einer Seriositätsschwelle und eines Risikopuffers beigemessen, denn es bewirkt einerseits, dass sich die Gesellschafter mit einem nicht unbeträchtlichen Betrag (neben den Gläubigern) am Risiko des Unternehmens beteiligen und damit auch ein gewisses Eigeninteresse an einer sorgfältiges Unterführungsführung haben und andererseits, dass die Gesellschaft Verluste besser (zu Lasten des Eigenkapitals) kompensieren und rechtzeitig geeignete Maßnahmen zur Abwendung einer drohenden Insolvenz (vgl. § 49 Abs. 3 GmbHG) treffen kann.[97] Um die GmbH wettbewerbsfähiger zu gestalten, ist die Herabsetzung des Mindeststammkapitals auf 10.000 € geplant.[98] Auch sollen die verschärften Regeln der Kapitalaufbringung bei der Errichtung einer Einpersonen-GmbH (§ 7 Abs. 2 S. 3 GmbHG) zukünftig wegfallen. Überdies sieht der MoMiG-Entwurf vor, dass der GmbH-Anteil nur noch auf volle Euro zu lauten hat, dieser also nicht mehr durch 50 teilbar sein und mindestens 100 € betragen muss.[99] Letztlich soll es künftig auch möglich sein, bei der Errichtung der GmbH mehrere Stammanteile zu übernehmen.[100]

---

[95] Für diesen Absatz Mellert/Verfürth (2005): Wettbewerb der Gesellschaftsformen, S. 80 Rn. 17.
[96] Heinz (2004b): Englische Limited und Deutsche GmbH – eine vergleichende Darstellung, erschienen in: AnwBl 2004, S. 613.
[97] Wilhelmi (2006): Das Mindestkapital als Mindestschutz, erschienen in: GmbHR 2006, S. 13 f.; Priester (2005): „GmbH light" – ein Holzweg, erschienen in: ZIP 2005, S. 921.
[98] BMJ, Entwurf eines Gesetzes zur Modernisierung des GmbH-Rechts und zur Bekämpfung von Missbräuchen (MoMiG), § 5 Abs. 1 GmbHG-E.
[99] BMJ, Entwurf eines Gesetzes zur Modernisierung des GmbH-Rechts und zur Bekämpfung von Missbräuchen (MoMiG), § 5 Abs. 2 GmbHG-E. Danach ist es also möglich, sich z.B. mit 1 €, 31 € oder 107 € an einer GmbH zu beteiligen.
[100] BMJ, Entwurf eines Gesetzes zur Modernisierung des GmbH-Rechts und zur Bekämpfung von Missbräuchen (MoMiG), S. 35, wo es u.a. heißt: „Das Verbot der Übernahme mehrerer Stammeinlagen nach § 5 Abs. 2 GmbHG wird aufgehoben".

5.1.2. Kapitalerhaltung

Da der Schutz der Gläubiger nicht allein durch den Grundsatz der Kapitalaufbringung gewährleistet werden kann, hat der Gesetzgeber Regelungen geschaffen, die dafür sorgen sollen, dass das als Haftungsfonds dienende Stammkapital vor nachträglichen Zugriffen der Gesellschafter geschützt ist und damit den Gesellschaftsgläubigern ungeschmälert zur Verfügung steht.[101] In diesem Zusammenhang sind insbesondere die §§ 30 bis 32b GmbHG von Bedeutung.

Nach § 30 Abs. 1 GmbHG ist es der Gesellschaft untersagt, das zur Deckung des Stammkapitals erforderliche Vermögen an die Gesellschafter auszuzahlen. Mit dieser Vorschrift soll jede das Stammkapital verringernde Zuwendung an einen Gesellschafter, die eine Unterbilanz oder Überschuldung der Gesellschaft hervorruft oder erhöht, verboten werden.[102] Um einen Verstoß gegen diese Vorschrift bejahen zu können, müssen demnach drei Voraussetzungen erfüllt sein. Die erste Voraussetzung ist die Zuwendung an einen Gesellschafter. Entgegen des Wortlautes des § 30 Abs. 1 GmbHG umfasst dieses Tatbestandsmerkmal nicht nur alle Leistungen der GmbH an einen Gesellschafter, sondern auch Zahlungen der GmbH an einen Dritten, wenn dieser dem Gesellschafter persönlich oder wirtschaftlich nahe steht (z.B. nahe Angehörige, Strohmänner, Treuhänder).[103] Zweitens muss die Leistung der GmbH an den Gesellschafter eine Schmälerung des Gesellschaftsvermögens zur Folge haben.[104] Dies ist nur dann der Fall, wenn der Gesellschafter für die erhaltene Leistung der

---

[101] Raiser/Veil (2006): Recht der Kapitalgesellschaften, § 37 Rn. 1.
[102] Raiser/Veil (2006): Recht der Kapitalgesellschaften, § 37 Rn. 10, 13.
[103] Jula (2004): Der GmbH-Gesellschafter, S. 231.
[104] Hierzu und im Folgenden Raiser/Veil (2006): Recht der Kapitalgesellschaften, S. 219 f.

GmbH keine (z.b. Ausschüttung von Gewinnen) oder keine gleichwertige Gegenleistung (verdeckte Gewinnausschüttung) erbringt. Letzteres ist gegeben, wenn die GmbH und der Gesellschafter einen gegenseitigen Vertrag schließen und die vom Gesellschafter zu erbringende Gegenleistung nicht den marktüblichen Konditionen entspricht; Leistung und Gegenleistung also nicht in einen angemessenem Verhältnis stehen (z.b. Gesellschafter erhält ein unüblich hohes Geschäftsführergehalt). Schließlich liegt eine verbotene Zuwendung im Sinne des § 30 Abs. 1 GmbHG nur dann vor, wenn durch diese Zuwendung das zur Erhaltung des Stammkapitals erforderliche Vermögen angegriffen wird, d.h. also eine Unterbilanz oder gar eine Überschuldung ent- oder bereits besteht.[105] Eine Unterbilanz liegt vor, wenn das Nettovermögen (Buchwerte der Aktiva abzüglich aller Rückstellungen, Verbindlichkeiten und Gesellschafterdarlehen) unter dem Betrag des Stammkapitals liegt. Die Überschuldung geht indes noch weiter. In diesem Fall übersteigen die Schulden das Aktivvermögen der Gesellschaft. Hierbei ist immer auf den Zeitpunkt der Auszahlung abzustellen.[106] Sind die Voraussetzungen des § 30 Abs. 1 GmbHG erfüllt, hat die Gesellschaft entweder das Recht bzw. die Pflicht, die Leistung zu verweigern (§ 30 Abs. 1 GmbHG) oder falls eine Auszahlung bereits erfolgt ist, einen Rückerstattungsanspruch in Höhe des unzulässig geleisteten Betrages (§ 31 Abs. 1 GmbHG).[107] Für den letzteren Fall ist in § 31 Abs. 2 GmbHG ein Ausnahmetatbestand verankert, der bestimmt, dass Gesellschafter, die zur Zeit der Auszahlung gutgläu-

---

[105] Hierzu und im Folgenden Tillmann/Winter (2004): Die GmbH im Gesellschafts- und Steuerrecht, S. 283 Rn. 741.
[106] BGH, NJW 1987, 1194.
[107] Die Gesellschaftsgläubiger können diesen Anspruch nicht unmittelbar geltend machen sondern ihn nur pfänden., vgl. Raiser/Veil (2006): Recht der Kapitalgesellschaften, § 37 Rn. 26.

47

big waren, nur insoweit zur Erstattung verpflichtet sind, als diese zur Befriedung der Gesellschaftsgläubiger erforderlich ist. Auf diese Bestimmung kann sich der Gesellschafter allerdings nur in den seltensten Fällen mit Erfolg berufen, da dieser Rückerstattungsanspruch überwiegend in der Insolvenz geltend gemacht wird.[108] Kann der erstattungspflichtige Gesellschafter den rechtswidrig erlangten Betrag nicht aufbringen, so haften die übrigen Gesellschafter nach § 31 Abs. 3 GmbHG anteilig im Verhältnis ihrer Geschäftsanteile. Diese Ausfallhaftung der Mitgesellschafter ist nach Ansicht des BGH jedoch nicht unbeschränkt, sondern begrenzt auf die Höhe des Stammkapitalbetrages.[109] Überdies greift die Ausfallhaftung des § 31 Abs. 3 GmbHG nur, wenn dies zur Befriedung der Gesellschaftsgläubiger erforderlich ist. Auch hier ist jedoch regelmäßig davon auszugehen, dass der Rückzahlungsbetrag zur Befriedigung der Gläubiger notwendig ist, so dass dieser Einschränkung praktisch keine Bedeutung zukommt. Neben den Gesellschaftern sind auch die Geschäftsführer, die die verbotene Zahlung pflichtwidrig geleistet haben, der Gesellschaft gegenüber zum Schadensersatz verpflichtet (§ 43 Abs. 3 GmbHG). Überdies haben die Geschäftsführer, wenn sie ein Verschulden trifft, den haftenden Mitgesellschaftern den Haftungsbetrag zu erstatten (§ 31 Abs. 6 GmbHG).

Des Weiteren werden nach den §§ 32a f. GmbHG und den von der Judikatur entwickelten Grundsätzen Gesellschafterleistungen, die der GmbH in der Krise zugeführt werden, als eigenkapitalersetzend behandelt.[110] Gesellschafterleistungen (Darlehen,

---

[108] Jula (2004): Der GmbH-Gesellschafter, S. 224.
[109] Jula (2004): Der GmbH-Gesellschafter, S. 226.
[110] Gemäß § 32a Abs. 3 GmbHG gelten die Regeln über den Eigenkapitalersatz nicht für (1) nicht geschäftsführende Gesellschafter, der 10 % oder weniger am Stammkapital beteiligt sind und (2) Darlehensgeber,

Sicherheiten oder diesen wirtschaftlich entsprechende Leistungen der Gesellschafter an die GmbH) sind nach herrschender Meinung regelmäßig dann als eigenkapitalersetzend anzusehen, wenn sie der GmbH zugeführt wurden, um die Insolvenz abzuwenden, wenn sie in einem Zeitpunkt gewährt wurden, in dem der Gesellschaft kein Dritter einen Kredit zu marktüblichen Konditionen eingeräumt hätte und sie deshalb ohne diese Gesellschafterleistung hätte liquidiert werden müssen oder wenn sie dem Unternehmen in gesunden Zeiten gewährt und in Krisenzeiten nicht zurückgefordert wurden.[111] Überdies bestimmt § 32a Abs. 3 GmbHG, dass auch Leistungen von Dritten als eigenkapitalersetzend qualifiziert werden können. Zu diesem Personenkreis gehören diejenigen Dritten, die auch § 30 GmbHG erfasst sind.[112]

Ist also ein Gesellschafterdarlehen eigenkapitalersetzend, so kann der Gesellschafter nach § 32a Abs. 1 GmbHG seinen Rückzahlungsanspruch im Insolvenzverfahren nur als nachrangiger Insolvenzgläubiger (§ 39 Abs. 1 Nr. 5 InsO) geltend machen. Soweit es innerhalb des letzten Jahres vor dem Antrag auf Eröffnung des Insolvenzverfahrens oder sogar nach diesem Antrag zur Rückzahlung des Darlehens gekommen ist, kann der Insolvenzverwalter die Rückzahlung nach § 135 Nr. 2 InsO anfechten. Dieser Anspruch ist nach § 146 InsO innerhalb von zwei Jahren ab Eröffnung des Insolvenzverfahrens geltend zu machen.

Wurde durch den Gesellschafter eine eigenkapitalersetzende Sicherheit gestellt, so kann der Dritte, der der Gesellschaft das Darlehen gewährt hat, gemäß § 32a Abs. 2 GmbHG im Insol-

---

die in der Krise der Gesellschaft Geschäftsanteile zur Überwindung der Krise erworben haben.

[111] Raiser/Veil (2006): Recht der Kapitalgesellschaften, § 38 Rn. 31 ff.

[112] Jula (2004): Der GmbH-Gesellschafter, S. 243.

venzverfahren nur den Betrag als Insolvenzforderung anmelden, mit dem er bei der Inanspruchnahme der Sicherheit ausgefallen ist. Hat die GmbH das Darlehen im letzten Jahr vor dem Antrag auf Eröffnung des Insolvenzverfahrens oder sogar nach diesem Antrag zurückgezahlt, ohne dass die vom Gesellschafter bestellte Sicherheit erfolglos in Anspruch genommen wurde, muss der sicherungsgebende Gesellschafter nach § 32b GmbHG entweder den von der Gesellschaft zurückgezahlten Betrag bis zur Höhe der bestellten Sicherheit erstatten oder die als Sicherung gestellten Gegenstände der GmbH zu ihrer Befriedigung zur Verfügung stellen. Auch dieser Anspruch verjährt gemäß § 32b Abs. 1 S. 1 GmbHG i.V.m. § 146 InsO in zwei Jahren nach der Eröffnung des Insolvenzverfahrens.

Neben diesen Vorschriften, die nach ihrem Wortlaut ausschließlich in der Insolvenzeröffnung Anwendung finden[113], wendet der BGH in Übereinstimmung mit der Literatur die §§ 30 f. GmbHG analog an.[114] Danach dürfen eigenkapitalersetzende Darlehen unabhängig von der Eröffnung eines Insolvenzverfahrens solange nicht an den Gesellschafter zurückgezahlt werden, wie durch die Rückzahlung eine Unterbilanz verursacht oder verstärkt wird. Wurde der Kredit dennoch zurückgezahlt, hat die GmbH einen Erstattungsanspruch gegen den Betreffenden in Höhe des die Unterbilanz oder Überschuldung ausgleichenden Betrages, wofür

---

[113] Außerhalb des Insolvenzverfahrens ermöglicht § 6 AnfG es dem in der Einzelzwangsvollstreckung ausgefallenen Gesellschaftsgläubiger einer fälligen Forderung (§ 2 AnfG) gegen Gesellschafter oder Darlehensgeber vorzugehen, deren eigenkapitalersetzende Leistung in den letzten 10 Jahren gesichert (§ 6 Nr. 1 AnfG) oder binnen Jahresfrist getilgt worden ist (§ 6 Nr. 2 AnfG). Wird nach der Ausübung des Anfechtungsrechts das Insolvenzverfahren eröffnet, so steht die Verfolgung der Anfechtungsansprüche gemäß § 16 AnfG nunmehr dem Insolvenzverwalter zu., vgl. Hdb. GesR III/ Rümker (2003): § 52 Rn. 69 f., 177.

[114] Hierfür und für die folgenden Ausführungen dieses Absatzes Gehrlein (2005): GmbH-Recht in der Praxis, S. 384 ff.

die Mitgesellschafter solidarisch haften (§ 31 Abs. 3 GmbHG). Im Übrigen sind Voraussetzungen dieser Rechtsprechungsgrundsätze (Gesellschafterleistung, Krise der Gesellschaft, persönlicher Anwendungsbereich) mit denen der §§ 32a f. GmbHG identisch. Dieser Anspruch verjährt gemäß § 31 Abs. 5 GmbHG in fünf Jahren.

Darüber hinaus ist der Erwerb und die Inpfandnahme eigner Geschäftsanteile der Gesellschaft gemäß § 33 GmbHG nur eingeschränkt zulässig. In diesem Zusammenhang ist insbesondere von Bedeutung, dass die Gesellschaft nur diejenigen eigenen Anteile erwerben darf, auf welche die Einlagen bereits vollständig geleistet sind und diese auch nur dann, wenn durch den Erwerb das Stammkapital nicht beeinträchtigt wird.

Ferner dürfen Kredite an Geschäftsführer, Liquidatoren, Prokuristen und Generalhandbevollmächtigten gemäß § 43a GmbHG nur aus dem nicht zur Erhaltung des Stammkapitals erforderlichen Vermögens, d.h. also nur aus den offenen Rücklagen, gewährt werden.[115]

Schließlich soll der Gläubiger auch dadurch vor Kapitalentzug geschützt werden, dass das in der Gründungsurkunde festgelegte Stammkapital nur unter strengen Bedingungen herabgesetzt werden kann. Die ordentliche Kapitalherabsetzung ist in § 58 GmbHG geregelt. Daneben sieht das Gesetz noch die vereinfachte Kapitalherabsetzung (§§ 58a ff. GmbHG) vor. Diese unterscheidet sich insbesondere dadurch, dass das Stammkapital bei der vereinfachten Kapitalherabsetzung unter den in § 5 Abs. 1 GmbHG geregelten Mindestbetrag herabgesetzt wer-

---

[115] Tillmann/Winter (2004): Die GmbH im Gesellschafts- und Steuerrecht, S. 283 Rn. 740.

den kann, wenn dieser durch eine gleichzeitige Kapitalerhöhung wieder erreicht wird.

Die ordentliche Kapitalherabsetzung (§ 58 GmbHG) wird von den Gesellschaftern regelmäßig dann durchgeführt, wenn Teile des Stammkapitals an die Gesellschafter ausgeschüttet werden sollen (effektive Kapitalherabsetzung) oder wenn das Stammkapital nach Verlusten an das noch vorhandene Vermögen der GmbH angepasst werden soll (nominelle Kapitalherabsetzung).[116] Sie muss von der Gesellschafterversammlung mit einer qualifizierten Mehrheit beschlossen werden.[117] Dieser Beschluss ist zudem notariell zu beurkunden und anschließend dreimal in den für die Bekanntmachungen der Gesellschaft bestimmten öffentlichen Blättern bekannt zu machen. In den Bekanntmachungen sind die Gesellschaftsgläubiger aufzufordern, sich bei der Gesellschaft zu melden. Darüber hinaus müssen die der GmbH bekannten Gläubiger durch gesonderte Mitteilung aufgefordert werden. Nach einer Sperrzeit von einem Jahr kann die Kapitalherabsetzung dann zum Handelsregister angemeldet werden und ist mit der Eintragung in dieses wirksam. Allerdings erfolgt die Eintragung nur, wenn diejenigen Gläubiger, die sich bei der Gesellschaft wegen ihrer Ansprüche gemeldet und der Kapitalherabsetzung widersprochen haben, befriedigt oder sichergestellt sind.

Die vereinfachte bzw. sanierende Kapitalherabsetzung ist eine nominelle Kapitalherabsetzung zur Beseitigung einer Unterbilanz, bei der kein Abfluss liquider Mittel stattfindet.[118] Sie ist oftmals mit

---

[116] Raiser/Veil (2006): Recht der Kapitalgesellschaften, § 40 Rn. 1.
[117] Der Beschluss muss den Zweck der ordentlichen Kapitalherabsetzung und die künftige Stammkapitalziffer enthalten., vgl. Raiser/Veil (2006): Recht der Kapitalgesellschaften, § 40 Rn. 3.
[118] Hierzu und im Folgenden Tillmann/Winter (2004): Die GmbH im Gesellschafts- und Steuerrecht, S. 288 f. Rn. 752 ff.

der Zuführung neuer Mittel im Wege der Kapitalerhöhung verbunden (wenn durch die Kapitalherabsetzung das Mindestkapital von 25.000 € unterschritten wird). Diese Art der Kapitalherabsetzung darf gemäß § 58a GmbHG nur vorgenommen werden,
wenn sie der Verlustdeckung dient und diese Verluste nicht
durch Auflösung von Gewinn- und Kapitalrücklagen oder durch
Verwendung von Gewinnvorträgen gedeckt werden können.
Allerdings braucht der Teil der Kapital- und Gewinnrücklagen,
der 10 % des nach der Herabsetzung verbleibenden Stammkapi
tals nicht übersteigt, nicht aufgelöst werden. Die Durchführung
dieser Art der Kapitalherabsetzung vollzieht sich zunächst in glei-
cher Weise wie die ordentliche Kapitalherabsetzung. Keine Anwendung finden hingegen die Gläubigerschutzvorschriften des
§ 58 GmbHG (Gläubigeraufruf, Meldung der Gläubiger bei der
Gesellschaft, Anspruch auf Befriedigung oder Sicherheitsleistung,
Sperrjahr). Der Gesetzgeber hat diesbezüglich spezielle Regelungen zum Schutz der Gesellschaftsgläubiger geschaffen
(§§ 58a ff. GmbHG), die auf eine verstärkte Bindung des Gesellschaftsvermögens abzielen.[119]

Die Kapitalerhaltungsregelungen sollen im Rahmen der geplanten Reform des GmbH-Recht wesentlich vereinfacht und über-
sichtlicher gestaltet werden. Der MoMiG-Entwurf sieht diesbezüglich eine grundlegende Deregulierung des (oben ausgeführten)
Eigenkapitalersatzechtes vor. Es ist zum einen geplant, die Rechtsprechungsregeln nach § 30 GmbHG und damit einhergehend
die Rechtsfigur des eigenkapitalersetzenden Gesellschafterdarlehens abzuschaffen.[120] Diese sollen zukünftig nicht mehr nach

---

[119] Raiser/Veil (2006): Recht der Kapitalgesellschaften, § 40 Rn. 7 f.
[120] § 30 Abs. 1 S. 3 GmbHG-E bestimmt, dass Gesellschafterdarlehen und
gleichgestellte Leistungen auch dann nicht wie haftendes Eigenkapital
zu behandeln sind, wenn sie in einem Zeitpunkt gewährt worden sind, in

53

dem Kriterium „eigenkapitalersetzend" oder „normal" unterschieden werden. Damit würden allerdings einige Gläubigerschutzregelungen wegfallen.[121] „Ernst zu nehmende Schutzlücken entstehen dadurch aber nicht oder werden durch flankierende Regelungen im Anfechtungsrecht geschlossen".[122] Andererseits sollen die Bestimmungen der §§ 32a, 32b GmbHG ausgebaut und in das Insolvenzrecht verlagert werden.[123] Insbesondere sollen nach § 35 Abs. 1 Nr. 5 InsO-E (alle) Gesellschafterdarlehen im Insolvenzfall stets mit Nachrang versehen werden. Daneben ist geplant, die Inhalte der bisherigen §§ 32a Abs. 2 und 32b GmbHG in § 44a InsO-E unter der Überschrift „Gesicherte

---

dem die Gesellschafter als ordentliche Kaufleute der Gesellschaft Eigenkapital zugeführt hätten.

[121] Eingehend dazu Seibert (2006): GmbH-Reform: Der Referentenentwurf eines Gesetzes zur Modernisierung des GmbH-Rechts und zur Bekämpfung von Missbräuchen – MoMiG, erschienen in: ZIP 2006, S. 1161. Insbesondere könnte der Geschäftsführer zukünftig nicht mehr die Rückzahlung eines eigenkapitalersetzenden Gesellschafterdarlehens verweigern oder die Rückerstattung zurückgezahlter Darlehen verlangen. Dementsprechend entfiele auch die Haftung des Geschäftsführers nach § 43 Abs. 3 GmbHG wegen des Verstoßes gegen das Auszahlungsverbot des § 30 GmbHG., vgl. Ibd. S. 1161.

[122] BMJ, Entwurf eines Gesetzes zur Modernisierung des GmbH-Rechts und zur Bekämpfung von Missbräuchen (MoMiG), S. 56. Zahlungen, die ein Jahr vor der Insolvenz stattfinden (was regelmäßig der Fall ist), würden künftig von der Regelung des § 135 InsO-E über die Insolvenzanfechtung von Gesellschafterdarlehen erfasst. Des Weiteren ist zugunsten des Gläubigers im Falle der Anfechtung außerhalb des Insolvenzverfahrens eine Korrektur der Anfechtungsfrist nach § 6 AnfG und eine Ausweitung des Anwendungsbereiches des Anfechtungsgesetzes (siehe §§ 6, 6a AnfG-E) vorgesehen., vgl. ibd., S. 56, 85 f. Das ist insbesondere für die Fälle von Bedeutung, in denen das Insolvenzverfahren mangels Masse gar nicht erst eröffnet wird und damit eine Insolvenzanfechtung nach den §§ 129 InsO von vornherein ausscheidet., vgl. Römermann (2006): Der Entwurf des „MoMiG" – die deutsche Antwort auf die Limited, erschienen in: GmbHR 2006, S. 678.

[123] BMJ, Entwurf eines Gesetzes zur Modernisierung des GmbH-Rechts und zur Bekämpfung von Missbräuchen (MoMiG), S. 35, 56.

Darlehen" zu verankern. Dabei soll auch hier auf das Merkmal der „Krise" verzichtet werden.[124]

5.2. *Englische Limited*

Wie bereits oben dargelegt, kann aus der Rechtsprechung des EuGH und des BGH der Schluss gezogen werden, dass für die englische Limited mit Verwaltungssitz in Deutschland grundsätzlich ihr englisches Gesellschaftsstatut gilt und lediglich in gerechtfertigten Ausnahmefällen eine Abweichung von diesem Grundsatz und damit ein Rückgriff auf das deutsche Gesellschaftsstatut zulässig ist.[125] Das Gesellschaftsstatut umfasst u.a. alle Fragen zur Kapitalaufbringung und Kapitalerhaltung.[126] Somit beurteilt sich die gesamte Kapitalverfassung der englischen Limited mit Verwaltungssitz in Deutschland grundsätzlich nach ihrem englischen Gründungsrecht; die Bestimmungen des GmbHG sind (auf Grund ihrer gesellschaftsrechtlichen Qualifikation und mangels einer europarechtlichen Rechtfertigung) nicht anwendbar. Diese Auffassung wird in der Literatur zum überwiegenden Teil vertreten. Insbesondere hinsichtlich der Kapitalaufbringung besteht inzwischen weitgehende Einigkeit über die Nichtanwendbarkeit des deutschen GmbH-Rechts.[127] Diskutiert wird derzeit noch über die analoge Anwendung des deutschen Eigenkapitalersatzrechts. Während die herrschende Meinung die Geltung dieser Vorschriften für EU-Auslandsgesellschaften auf Grund ihrer gesellschaftsrechtlichen Einordnung und der Unvereinbarkeit mit der in den

[124] Römermann (2006): Der Entwurf des „MoMiG" – die deutsche Antwort auf die Limited, erschienen in: GmbHR 2006, S. 678.
[125] Siehe dazu näher oben Kapitel 2.3 bis 2.5.
[126] Spahlinger/Wegen (2005): Für Gesellschaften relevante Sachverhalte mit Auslandsberührung, S. 84 Rn. 312.
[127] Spahlinger/Wegen (2005): Für Gesellschaften relevante Sachverhalte mit Auslandsberührung, S. 85 f. Rn. 316 f.

Art. 43 EG und Art. 48 EG verankerten Niederlassungsfreiheit aus-
schließt, spricht sich eine Gegenmeinung für eine insolvenzrechtliche Qualifikation und damit einhergehend für eine Anwendung
neben dem ausländischen Gesellschaftsrecht des Gründungsstaates aus.[128] Dieser Meinungsstreit könnte schon bald beigelegt
werden, denn der MoMiG-Entwurf[129] sieht – wie bereits in Kapitel
5.1.2. ausgeführt – vor, dass das „Eigenkapitalersatzrecht" vereinfacht und in die Insolvenzordnung überführt wird. Dabei sollen
die insolvenzrechtlichen Neuregelungen (§§ 39, 44a InsO-E) ausdrücklich rechtsformneutral für alle Gesellschaften, bei denen
kein persönlich haftender Gesellschafter eine natürliche Person
ist und damit auch für die (insolvente) englische Limited mit Verwaltungssitz in Deutschland gelten. Die analoge Anwendung der
derzeit geltenden Eigenkapitalersatzregeln ist hingegen abzu-
lehnen.[130] Die Anfechtung und der Nachrang der Gesellschafterdarlehen sind zwar über Art. 4 EuInsVO anwendbar, allerdings
muss die Vorfrage, ob ein Darlehen eigenkapitalersetzend ist, eigenständig angeknüpft werden. In diesem Zusammenhang ist
festzustellen, dass die Frage, ob die Gesellschafter die Gesellschaft in der Krise mit Eigen- oder Fremdkapital auszustatten haben (ebenso wie die Frage der Aufbringung eines bestimmten
Mindestkapitals bei der Gründung), gesellschaftsrechtlicher Natur ist.

---

[128] Borges (2004): Gläubigerschutz bei ausländischen Gesellschaften mit Sitz im Inland, erschienen in: ZIP 2004, S. 743.
[129] BMJ, Entwurf eines Gesetzes zur Modernisierung des GmbH-Rechts und zur Bekämpfung von Missbräuchen (MoMiG); siehe dazu näher oben Kapitel 5.1.2.
[130] Hierzu und im Folgenden zutreffend Eidenmüller (2004a): Insolvenzrecht, § 9 Rn. 42 f.

5.2.1. Kapitalaufbringung

Bei der Private Limited Company by shares existiert im Gegensatz zur GmbH kein gesetzlich vorgeschriebenes Mindestkapital. [131] In sec. 2 (5) (a) CA 1985 wird lediglich bestimmt, dass ein (individuell festgelegtes) Nominalkapital (authorised share capital) und dessen Aufteilung in Anteilen im Gesellschaftsvertrag anzugeben und von jedem Gründungsgesellschafter mindestens ein Anteil zu einem bestimmten Nominalwert zu übernehmen ist. Das Nominalkapital bezeichnet den Maximalbetrag des Gesellschaftsvermögens, bis zu dem Anteile ausgeben werden können, wobei das Kapital bei der Gründung nicht vollständig ausgegeben werden muss.[132] Haftungsrelevant ist dabei jedoch nur das ausgegebene Kapital (issued share capital), d.h. also die Summe der von den Gesellschaftern übernommenen Einlageverpflichtungen.[133] In der Praxis beginnen die meisten Limiteds mit einem Nominalkapital von 100 GBP, das in gleichen Anteile zu je einem GBP aufgeteilt ist, und führen dann, wenn sie es wirtschaftlich für erforderlich halten, eine Kapitalerhöhung durch.[134] Rein theoretisch ist es aber auch möglich, eine englische Limited mit weniger als einem GBP zu gründen.[135] Der englische Gesetzgeber will allerdings künftig auf die Festlegung eines Höchstkapitals verzich-

---

[131] Hierzu und im Folgenden Heckschen/Köklü/Maul (2005): Private Limited Company, S. 54 Rn. 202 f.; Heinz (2004a): Die englische Limited, § 9 Rn. 3.
[132] Just (2005): Die englische Limited in der Praxis, S. 46 Rn. 194.
[133] Heinz (2004a): Die englische Limited, § 9 Rn. 4. Das Nominalkapital ist hingegen nur eine formale Größe, die vornehmlich dem Schutz der Anteilseigner dient., vgl. Jänig (2006): Die Company Law Reform Bill: Zur Reform des Gesellschaftsrechts im Vereinigten Königreich, erschienen in: RIW 2006, S. 272.
[134] Just (2005): Die englische Limited in der Praxis, S. 46 Rn. 196; Luke (2005): Die U.K. Limited, S. 29.
[135] Heinz (2004a): Die englische Limited, § 9 Rn. 3. De facto verlangt der Registrar jedoch ein Mindestkapital von einem GBP.

ten.[136] Die Einlagen für die übernommenen Anteile sind überdies nicht zu einem gesetzlich bestimmten Zeitpunkt bzw. zu einem gesetzlich bestimmten Teil, sondern erst auf Aufforderung des Gesellschafters oder zu dem in der Gründungsurkunde vereinbarten Termin zu erbringen.[137] Dabei müssen die Einlagen nach sec. 88 (2) (b) (i), 99 (2) CA 1985 nicht zwingend in Bargeld, sondern können auch in sonstigen vermögenswerten Leistungen erbracht werden. So ist sogar zulässig, dass ein Gesellschafter eigene Dienstleistungen erbringt oder mit Forderungen gegenüber der Limited aufrechnet. Die Bewertung dieser sonstigen vermögenswerten Leistungen übernimmt die Gesellschaft selbst. Es erfolgt keine externe Werthaltigkeitsprüfung. Lediglich bei extremer Falschbewertung schreitet das Gericht ein.

Aus diesen geringen Anforderungen an die Kapitalaufbringung kann jedoch nicht geschlussfolgert werden, dass das englische Recht die Gesellschaftsgläubiger gänzlich schutzlos lässt. Vielmehr verlangt es von seinen Marktteilnehmern, dass sie sich den fehlenden gesellschaftsrechtlichen Schutz im Wege der Individualvereinbarung selbst besorgen.[138] So ist es in England gängige Praxis, dass die Gläubiger Sicherheiten von der Gesellschaft (floating charge, fixed charge[139]) oder von den Geschäftsführern bzw. Gesellschaftern (z.B. Bürgschaften) fordern.[140] Diese Möglichkeit des individualvertraglichen Schutzes besteht in der Regel

---

[136] Heckschen/Köklü/Maul (2005): Private Limited Company, S. 54 Rn. 203.
[137] Hierzu und im Folgenden Luke (2005): Die U.K. Limited, S. 29.
[138] Happ/Holler (2004): „Limited" statt GmbH, erschienen in: DStR 2004, S. 732.
[139] Die „floating charge" stellt eine Sicherheit am gesamten (gegenwärtigen und zukünftigen) Gesellschaftsvermögen und die „fixed charge" eine Sicherung an einem bestimmten Vermögensgegenstand dar., vgl. hierzu ausführlich Just (2005): Die englische Limited in der Praxis, S. 58 f. Rn. 240 ff.
[140] Walterscheid (2006): Die englische Limited im Insolvenzverfahren, erschienen in: DZWir 2006, S. 96.

aber nur für starke Marktteilnehmer (z.B. Banken); kleine und mittelständische Unternehmen (z.B. Lieferanten, Handwerker oder Dienstleister) bleiben wegen ihrer fehlenden Verhandlungsmacht meistens auf der Strecke.[141]

5.2.2. Kapitalerhaltung

Neben den verhältnismäßig geringen Anforderungen an die Kapitalaufbringung enthält das englische Recht auch verschiedene Regelungen, die im Interesse der Gläubiger sicherstellen sollen, dass der von den Gesellschaftern zu erbringende Beitrag geleistet und anschließend nicht in irgendeiner Form wieder zurückgewährt wird. Da für die englische Limited jedoch kein Mindestkapital vorgeschrieben ist, entfalten diese Vorschriften im Allgemeinen nur dann eine gläubigerschützende Wirkung, wenn die Limited über mehr als nur das Minimum an Kapital verfügt.[142]

Das gezeichnete Kapital und damit einhergehend der Gesellschaftsgläubiger wird zunächst dadurch geschützt, dass es der Limited nach sec. 143 (1) CA 1985 grundsätzlich untersagt ist, ihre eigenen Anteile zu erwerben. Verstöße hiergegen führen zur Nichtigkeit des Erwerbs und werden mit Geld- und Freiheitsstrafen sanktioniert. Allerdings gilt dieser Grundsatz nicht uneingeschränkt. Eine besonders wichtige und in der Praxis häufig genutzte Ausnahme stellt der Rückkauf sog. „redeemable shares" (rückkaufbare Anteile) nach ss. 159 ff. CA 1985 dar. Der Gesellschaft ist es also gestattet, von Anfang an rückkaufbare Anteile auszugeben, die sie dann später zurück erwerben kann. Dieser Rückkauf kann nur vorgenommen werden, wenn die Grün-

---

[141] Happ/Holler (2004): „Limited" statt GmbH, erschienen in: DStR 2004, S. 732.
[142] Tiedemann (2006): Rechtsformwahl unter dem Aspekt der Niederlassungsfreiheit, S. 276.

dungsurkunde dazu ermächtigt, die Gesellschaft gleichzeitig auch andere nicht rückkaufbare Anteile herausgegeben hat und die Anteile vollständig eingezahlt sind. Die finanziellen Mittel für den Rückkauf dürfen zudem grundsätzlich nur aus den ausschüttbaren Gewinnen i.S.d. sec. 181 (a) CA 1985 oder aus dem Verkaufserlös neuer Anteile stammen. Unter bestimmten Voraussetzungen können rückkaufbare Anteile aber auch aus dem sonstigen Kapital der Gesellschaft finanziert werden. Hierfür bedarf es insbesondere eines Beschlusses der Gesellschafterversammlung mit einer Dreiviertel-Mehrheit, einer Ermächtigungsgrundlage für ein solches Vorhaben in der Gründungsurkunde (articles) und einer eidesstattlichen Versicherung der Geschäftsführer darüber, dass die Gesellschaft in den nächsten 12 Monaten in der Lage ist, ihre Verbindlichkeiten zu erfüllen (sog. Solvenzerklärung). Wird die Gesellschaft im besagten Zeitraum insolvent, haften die Verkäufer und der Geschäftsführer gesamtschuldnerisch für die Verbindlichkeiten der Gesellschaft und die Kosten des Insolvenzverfahrens. Der Geschäftsführer kann sich jedoch entlasten, wenn er darlegen kann, dass im Zeitpunkt der Solvenzerklärung nachvollziehbare Gründe für seine Einschätzung vorlagen.[143]

Überdies wird, um eine Umgehung des verbotenen Erwerbs eigener Anteile zu verhindern, in sec. 151 CA 1985 bestimmt, dass der Gesellschaft grundsätzlich jede Unterstützung einer Person beim Erwerb von Gesellschaftsanteilen untersagt ist[144], wobei der Companies Act (sec. 153, 155 ff. CA 1985) auch hier wieder eini-

---

[143] Für diesen Absatz Gernoth (2005): Pseudo Foreign Companies – Who Art Thou?, S. 90 ff.

[144] Heckschen/Köklü/Maul (2005): Private Limited Company, S. 63 Rn. 235, S. 67 Rn. 242.

ge Ausnahmen zulässt[145]. Dabei ist der Begriff der sog. „financial assistance" sehr weit zu verstehen, so dass hierunter nicht nur Gewährung von Darlehen oder Kreditsicherheiten, sondern auch Geschenke oder Verzichtserklärungen sowohl vor als auch nach dem Erwerb fallen können. Bei Verstößen müssen die Handelnden mit erheblichen Bußgeldern oder gar Freiheitsstrafen und zudem die Gesellschaft mit einem Bußgeld rechnen. Mit In-Kraft-Treten des „Company Law Reform Bill" wird die englische Limited jedoch vollständig vom Anwendungsbereich dieser Vorschriften ausgenommen und damit das generelle Verbot finanzieller Unterstützung aufgehoben.

Ferner soll das gezeichnete Kapital einer englischen Limited dadurch geschützt werden, dass sehr hohe Anforderungen an die Kapitalherabsetzung gestellt werden. Nach englischem Recht kann das Kapital durch die Reduzierung des ausgegebenen Kapitals, der Rücklage für Agios oder der Kapitalrücklage herabgesetzt werden.[146] Voraussetzung hierfür ist zunächst, dass die Satzung die Gesellschafter dazu berechtigt.[147] Darüber hinaus muss die Kapitalherabsetzung auf der Gesellschafterversammlung mit einer 75 % Stimmenmehrheit beschlossen und anschließend die Zustimmung des Gerichts eingeholt werden.[148] Diese erteilt das Gericht nur, wenn sämtliche Formalien (Verständigung aller bekannter Gläubiger und Veröffentlichung eines Gläubigeraufru-

---

[145] Hierzu und im Folgenden Just (2005): Die englische Limited in der Praxis, S. 50 Rn. 215 f. Ausgenommen von diesem Verbot sind beispielsweise die finanzielle Unterstützung aus den ausschüttbaren Gewinnen oder die Darlehensgewährung im Rahmen des normalen Geschäftsverkehrs., vgl. Ibd. S. 51 Rn. 215.
[146] Heckschen/Köklü/Maul (2005): Private Limited Company, S. 68 Rn. 245.
[147] Just (2005): Die englische Limited in der Praxis, S. 50 Rn. 212. Ist dies nicht der Fall, bedarf es einer Satzungsänderung. Diese bedarf eines Gesellschafterbeschlusses, der mit einer Dreiviertelmehrheit der abgegebenen Stimmen zu fassen ist., vgl. Ibd. S. 50 Rn. 212.
[148] Luke (2005): Die U.K. Limited, S. 30.

fes[149]) beachtet und die Interessen der Gläubiger, Anteilseigner und der Öffentlichkeit gewahrt wurden, wobei die Gläubiger der Kapitalherabsetzung erfolgreich widersprechen können, wenn ihre Forderungen nicht beglichen oder gesichert sind.[150] Die gerichtliche Genehmigung ist anschließend zusammen mit der geänderten Satzung und dem Protokoll der Gesellschafterversammlung beim Registrar einzureichen, woraufhin dieses dann die Herabsetzung in das Gesellschaftsregister einträgt.[151] Der „Company Law Reform Bill" sieht allerdings eine Vereinfachung der Kapitalherabsetzung vor.[152] So soll die gerichtliche Genehmigung künftig nicht mehr zwingend erforderlich sein. Stattdessen können die Direktoren eine Solvenzerklärung abgeben, in der sie bestätigen, dass die Limited liquide ist und in den nächsten zwölf Monaten nach der Kapitalherabsetzung ihre Verbindlichkeiten tilgen kann, und die Gesellschafter ihre Zustimmung mit einer qualifizierten Mehrheit erklären.

Schließlich enthält das englische Gesellschaftsrecht für die Limited strikte Regelungen bezüglich der Ausschüttung von Gewinnen. Nach sec. 263 CA 1985 darf der Geschäftsführer nämlich nur diejenigen Gewinne an die Gesellschafter ausschütten, die tatsächlich erwirtschaft wurden und nach Abzug aller realisierten Verluste übrig bleiben.[153] Dabei sind die Gewinn- bzw. Verlustvorträge der Vorjahre mit einzubeziehen. Ein Verstoß gegen diese

---

[149] Micheler (2004): Gläubigerschutz im englischen Gesellschaftsrecht, ZGR 2004, S. 328.
[150] Heinz (2004a): Die englische Limited, § 9 Rn. 23.
[151] Just (2005): Die englische Limited in der Praxis, S. 50 Rn. 213. Erst mit der Registrierung ist die Kapitalherabsetzung wirksam., vgl. Ibd. S. 50 Rn. 213.
[152] Hierfür und für die folgenden Ausführungen dieses Absatzes Jänig (2006): Die Company Law Reform Bill: Zur Reform des Gesellschaftsrechts im Vereinigten Königreich, erschienen in: RIW 2006, S. 275.
[153] Hierzu und im folgenden Heinz (2004a): Die englische Limited, § 9 Rn. 16 f.

Vorschrift führt zu Schadensersatzansprüchen der Gesellschaft in Höhe des vollen ausgeschütteten Betrags gegen den Geschäftsführer und gegen die Gesellschafter, die bösgläubig nicht ausschüttungsfähige Gewinne entgegengenommen haben.[154] Außerdem setzen sich die Gesellschafter und Geschäftsführer Schadensersatzansprüchen aus, wenn verdeckte Gewinnausschüttungen (z.b. Unterwertverkäufe oder überhöhte Geschäftsführergehälter) vorgenommen werden.[155] Allerdings sind diese nach der englischen Rechtsprechung erst dann zu bejahen, wenn ein sehr deutliches Missverhältnis zwischen der Leistung der Gesellschaft und der Gegenleistung des Gesellschafters besteht und dem Gesellschafter zudem eine Umgehungsabsicht nachgewiesen werden kann.[156]

5.3. Zwischenresümee

Ein Vergleich beider Kapitalsysteme zeigt zunächst auf, dass die GmbH mit der Aufbringung eines bestimmten Mindestkapitals, der Einzahlung einer Mindesteinlage bei der Gründung und der Vollwertigkeit der Einlage sehr strengen Kapitalaufbringungsvorschriften unterliegt.[157] Ganz anders verhält es sich bei der englischen Limited. Bei dieser Gesellschaftsform muss von den Gesellschaftern kein bestimmtes Mindeststammkapital aufgebracht werden, d.h. den Gläubigern steht im Krisenfall lediglich das von den Gesellschaftern individuell festgelegte tatsächlich gezeichnete Kapital (Issued share capital) als Haftungsmasse zur Verfügung. Überdies sind sämtliche werthaltigen Leistungen (u.a. auch

---

[154] Just (2005): Die englische Limited in der Praxis, S. 54 Rn. 227.
[155] Schall (2005): Englischer Gläubigerschutz bei der Limited in Deutschland, erschienen in: ZIP 2005, S. 969.
[156] Heinz (2004a): Die englische Limited, § 9 Rn. 20 f.
[157] Tiedemann (2006): Rechtsformwahl unter dem Aspekt der Niederlassungsfreiheit, S. 277.

Dienstleistungen, Aufrechnung mit Forderungen gegen die Gesellschaft) der Gesellschafter einlagefähig. Diese Einlagen werden in England weder generell auf ihre Vollwertigkeit überprüft noch sind sie nach dem Gesetz zu einem bestimmten Zeitpunkt zu erbringen.

Auch bei den Kapitalerhaltungsvorschriften sind tiefgreifende Unterschiede zu erkennen. So sollen die Gläubiger einer GmbH insbesondere dadurch geschützt werden, dass das zur Deckung des Stammkapitals erforderliche Vermögen nicht an die Gesellschafter ausbezahlt werden darf. Es kann also solange ausgeschüttet werden, wie das Nettovermögen der Gesellschaft das Stammkapital nicht unterschreitet.[158] An die Gesellschafter einer englischen Limited dürfen hingegen nur die akkumulierten realisierten Gewinne nach Verrechnung der akkumulierten Verluste ausgeschüttet werden. In punkto Vermögensbindung ist das englische Recht also deutlich strenger. Von dem jeweiligen Auszahlungsverbot sind in beiden Rechtsordnungen auch verdeckte Gewinnausschüttungen erfasst. Die englischen Regelungen hierzu sind jedoch wesentlich liberaler. Denn während es in Deutschland ausreicht, dass der Leistung der Gesellschaft keine gleichwertige Leistung des Gesellschafters gegenübersteht, bedarf es England erstens eines krassen Missverhältnisses zwischen Leistung und Gegenleistung und zweitens des Nachweises einer Umgehungsabsicht.

Bei der GmbH wird das Auszahlungsverbot durch die Regelungen zu den eigenkapitalersetzenden Darlehen (§§ 32a, 32b

---

[158] Dementsprechend ist es auch zulässig, Rücklagen aufzulösen und auszuschütten, soweit die Auszahlungsverbot des § 30 Abs. 1 GmbHG nicht greift., vgl. Kallmeyer (2004): Vor- und Nachteile der englischen Limited im Vergleich zur GmbH oder GmbH & Co. KG, erschienen in: DB 2004, S. 637.

GmbHG und Rechtsprechungsregeln zu § 30 GmbHG) ergänzt. Dieses sog. Eigenkapitalersatzrecht ist derzeit jedoch sehr komplex und für einen Nichtjuristen kaum beherrschbar. Das wird sich nach dem derzeitigen Stand schon im nächsten Jahr ändern, denn der Referentenentwurf vom 29.05.2006 sieht diesbezüglich eine deutliche Deregulierung vor. Die Rechtsprechungsregelungen zu § 30 GmbHG sollen abgeschafft und die Regeln zu den §§32a, 32b GmbHG im Insolvenzrecht neu geordnet werden. Die Gesellschafter einer englischen Limited mit Verwaltungssitz in Deutschland müssen bislang hingegen nicht damit rechnen, dass der Gesellschaft gewährtes Fremdkapital unter bestimmten Voraussetzungen zu Eigenkapital umqualifiziert wird, denn dem englischen Recht ist ein solches Vorgehen völlig fremd und die deutschen Eigenkapitalersatzregeln können derzeit nicht auf EU-Auslandsgesellschaften angewendet werden. Allerdings ist geplant, die Neuregelungen zu den Gesellschafterdarlehen auch auf die in Deutschland ansässigen ausländischen Kapitalgesellschaften auszuweiten.

Die Kapitalherabsetzung ist bei der englischen Limited bislang nur zulässig, wenn das zuständige Gericht dieser zugestimmt hat. Dieses im Gegensatz zur GmbH strenge und zeitraubende Verfahren ist mit In-Kraft-Treten der englischen Gesellschaftsrechtsreform jedoch nicht mehr zwingend erforderlich.

Überdies unterliegt die englische Limited einem grundsätzlichen Verbot des Erwerbs eigener Anteile und der finanziellen Unterstützung beim Erwerb von Gesellschaftsanteilen. Allerdings bestehen hiervon zahlreiche Ausnahmen, so dass man hier nicht davon sprechen kann, dass das englische Recht wesentlich strenger ist. Hinzu kommt, dass das letztere Verbot im der Gesellschaftsrechtsreform aufgehoben werden soll.

Abschließend sei noch erwähnt, dass vom gesamten englischen Kapitalerhaltungsrecht nur ein sehr geringer Gläubigerschutz ausgeht, da einerseits die Gläubiger grundsätzlich kein Recht haben, Verstöße gegen die Kapitalerhaltungsregeln gerichtlich geltend zu machen[159] und andererseits diesen Vorschriften allenfalls dann eine gläubigerschützende Wirkung zukommt, wenn die Gesellschaft über mehr als nur ein Minimum an Kapital verfügt.

Im Ergebnis unterliegt die GmbH wesentlich strengeren Kapitalerhaltungsvorschriften. Jedenfalls geht von diesen ein viel weitreichender Gläubigerschutz aus. Beiden Kapitalschutzsystemen ist jedoch gleich, dass die Gläubiger nicht generell vor Aufzehrung des der Gesellschaft versprochenen Kapitals geschützt sind, da bei beiden Gesellschaftsformen keine Pflicht besteht, das durch Verluste reduzierte Gesellschaftsvermögen wieder aufzufüllen. Berücksichtigt man die geplanten Gesellschaftsrechtsreformen in beiden Ländern, so ist festzustellen, dass in England eine weitergehende Liberalisierung des Kapitalerhaltungsrechts geplant ist, was sich wiederum negativ auf den Schutz der Gläubiger auswirkt. In Deutschland hingegen soll dieses wesentlich vereinfacht und zudem der Gläubigerschutz bei EU-Auslandsgesellschaften durch rechtsformneutrale Regelungen im Insolvenz- und Anfechtungsgesetz gestärkt werden.

---

[159] Gernoth (2005): Pseudo Foreign Companies – Who Art Thou?, S. 102.

6. Haftung

In diesem Abschnitt werden die wesentlichen Haftungstatbestände der beiden Rechtsformen GmbH und englische Limited
mit Tätigkeitsschwerpunkt in Deutschland untersucht und anschließend problemorientiert verglichen.

6.1. GmbH

Bei einer in das zuständige Handelsregister eingetragenen GmbH
haftet nach § 13 Abs. 2 GmbHG den Gläubigern gegenüber
grundsätzlich nur die Gesellschaft mit ihrem Gesellschaftsvermögen (Trennungsprinzip). So haftet die GmbH beispielsweise
grundsätzlich nach § 31 GmbHG, wenn sich der Geschäftsführer
in Ausübung seines Amtes schadensersatzpflichtige Handlungen
gegenüber Dritten begeht (Organhaftung).[160] Ausnahmsweise
kann jedoch auch der Geschäftsführer und der Gesellschafter
von den Gesellschaftsgläubigern persönlich in Anspruch genommen werden. Daneben kann die Geschäftsführer und Gesellschafter aber auch im Innenverhältnis gegenüber der Gesellschaft eine Haftung treffen, die dann wiederum den Gläubigern
zugute kommt. All diese haftungsrechtlichen Tatbestände sollen
im Folgenden dargestellt werden. Dabei wird zunächst kurz auf
die Haftungsverhältnisse in der (jeweiligen) Gründungsphase,
d.h. also vor Geltung des in § 13 Abs. 2 GmbHG verankerten
Trennungsprinzips, eingegangen, bevor dann die persönliche
Haftung der Geschäftsführer und Gesellschafter nach ihrer Entstehung (d.h. nach ihrer Eintragung in das zuständige Handelsregister) erläutert wird.

---

[160] Raiser/Veil (2006): Recht der Kapitalgesellschaften, § 32 Rn. 38.

67

6.1.1. Haftung im Gründungsstadium

Wie bereits in Kapitel 3.1.3. dargelegt, durchläuft die GmbH bis zu ihrer eigentlichen Entstehung mehrere Gründungsphasen. Dabei können in all diesen Phasen Verträge geschlossen werden, die im Zusammenhang mit dem Zweck stehen, zu dem die GmbH gegründet wird. Aus dieser vorzeitigen Geschäftsaufnahme resultieren selbstverständlich haftungsrechtliche Konsequenzen, die in den folgenden zwei Unterabschnitten dargestellt werden.

6.1.1.1. Haftung für Verbindlichkeiten der Vorgründungsgesellschaft

Für in dem Stadium der Vorgründungsgesellschaft eingegangene Verpflichtungen haften die Gründer nach den Grundsätzen der jeweiligen Rechtsform.[161] Die Vorgründungsgesellschaft wird entweder in der Rechtsform der BGB-Gesellschaft oder, falls die Gründer im Namen der Vorgründungsgesellschaft bereits ein Handelsgewerbe ausüben, als OHG betrieben. Sowohl bei der GbR als auch bei der OHG haften die Gesellschafter persönlich und unbeschränkt. Diese Haftung bleibt grundsätzlich auch in den nächsten Gründungsstadien bestehen, da die Verbindlichkeiten nicht kraft Gesetzes auf die Vorgesellschaft oder die GmbH übergehen, sondern im Wege der Einzelrechtsnachfolge übertragen werden müssen und die Schuld- bzw. Vertragsübernahme zudem der Zustimmung des jeweiligen Vertragspartners bedarf. Der Geschäftsführer haftet in diesem Stadium nur, wenn er ohne Vertretungsmacht handelt (§ 179 BGB).

---

[161] Hierzu und im Folgenden Jula (2004): Der GmbH-Gesellschafter, S. 35 f., 43 f.

6.1.1.2. Haftung für Verbindlichkeiten der Vorgesellschaft bzw. Vor-GmbH

Werden im Stadium der Vorgesellschaft, das mit Abschluss des Gesellschaftsvertrages erreicht ist, Geschäfte im Namen der GmbH getätigt, so ist zunächst nur die Vorgesellschaft berechtigt und verpflichtet, d.h. also die Gesellschaft haftet mit ihrem Gesellschaftsvermögen. Hierbei kommt es nicht auf die Kenntnis des Gläubigers von der noch fehlenden Handelsregistereintragung an, sofern davon ausgegangen werden kann, dass diese nicht Voraussetzung für den Abschluss des Vertrages war. Daneben haften aber auch die Gesellschafter und Geschäftsführer.[162]

Die Gesellschafter trifft die von der Rechtsprechung entwickelte Verlustdeckungshaftung.[163] Danach haften die Gründer für Verluste gegenüber der GmbH unbeschränkt und anteilig im Verhältnis der von ihnen übernommen Einlagen (sog. Pro-Rata-Haftung), wenn sie den Geschäftsführer durch einstimmigen Gesellschafterbeschluss zu einer vorzeitigen Geschäftsaufnahme ermächtigen. Kann ein Gesellschafter die Haftungssumme nicht aufbringen, so sind überdies die übrigen Gesellschafter verpflichtet, den Ausfall anteilsmäßig zu übernehmen. Die Verlustdeckungshaftung ist grundsätzlich als Binnenhaftung, d.h. als Haftung der Gesellschafter gegenüber der Gesellschaft, ausgestaltet.[164] Die Gläubiger können nur dann gegen die Gesellschafter vorgehen, wenn sie den Deckungsanspruch der Gesellschaft pfänden und sich überweisen lassen. In Ausnahmefällen können die Gesellschaftsgläubiger jedoch auch die Gesellschafter direkt

---

[162] Für diesen Absatz Raiser/Veil (2006): Recht der Kapitalgesellschaften, § 26 Rn. 109.
[163] Hierzu und im Folgenden Jula (2004): Der GmbH-Gesellschafter, S. 44 ff.
[164] Hierfür und im Folgenden Raiser/Veil (2006): Recht der Kapitalgesellschaften, § 26 Rn. 110.

beanspruchen. Eine solche Ausnahme liegt vor, wenn die GmbH vermögenslos ist, nur ein Gläubiger vorhanden ist und die Gesellschaft keinen Geschäftsführer mehr hat. Dieser Verlustdeckungsanspruch entsteht in dem Zeitpunkt, in dem die Eintragung in das Handelsregister misslingt oder gar nicht mehr beabsichtigt ist und wird mit der Eröffnung des Insolvenzverfahrens bzw. mit der Liquidation fällig. Wird die bisher existente Gesellschaft nach der missglückten oder nicht mehr beabsichtigten Eintragung fortgeführt, haften die Gesellschafter nach den Grundsätzen der jeweiligen Rechtsform (GbR, OHG) persönlich und unbeschränkt. Kommt es hingegen zur Eintragung in das Handelsregister, wird nach ständiger Rechtsprechung aus der Verlustdeckungshaftung eine sog. Vorbelastungs- oder Unterbilanzhaftung, wonach die Gesellschafter bei einer Geschäftsaufnahme vor der Eintragung in das Handelsregister für eine Differenz zwischen dem tatsächlich vorhandenen Gesellschaftsvermögen und dem Stammkapital einzustehen haben.[165] Auch hierbei handelt es sich grundsätzlich um eine Innenhaftung, bei der die Gesellschafter anteilig im Verhältnis ihrer übernommenen Einlagen unbeschränkt haften. Überdies haben die Gesellschafter für ihre Mitgesellschafter quotal einzustehen, falls diese ausfallen. Der Anspruch aus der Vorbelastungshaftung verjährt entsprechend § 9 Abs. 2 GmbHG in 10 Jahren beginnend ab der Handelsregistereintragung.[166] Für alle Verbindlichkeiten, die erst nach der Eintragung in das Handelsregister begründet werden, steht den Gläubiger nach § 13 Abs. 2 GmbHG grundsätzlich nur noch auf das Gesellschaftsvermögen einschließlich der noch ausstehenden Einlagen als Haftungsfonds zur Verfügung.

---

[165]   Hierzu und im Folgenden Jula (2004): Der GmbH-Gesellschafter, S. 50 f.
[166]   Raiser/Veil (2006): Recht der Kapitalgesellschaften, § 26 Rn. 111.

Die Geschäftsführer kann die sog. Handelndenhaftung (§ 11 Abs. 2 GmbHG) treffen.[167] Danach haften die Handelnden persönlich und solidarisch gegenüber den Gesellschaftsgläubigern für Verbindlichkeiten, die im Stadium der Vorgesellschaft im Namen der GmbH oder der Vorgesellschaft begründet wurden. Handelnder im Sinne des § 11 Abs. 2 GmbHG ist nur der Geschäftsführer oder eine Person, die im Rechtsverkehr wie ein Geschäftsführer auftritt.[168] Der einstandspflichtige Handelnde kann allerdings im Innenverhältnis auf die Vorgesellschaft oder, falls die Voraussetzungen der Verlustdeckungshaftung erfüllt sind, auch auf die Gesellschafter zurückgreifen, um so eine Haftungsfreistellung bzw. die Erstattung der bereits bezahlten Haftungssumme zu erwirken. Soweit die Gesellschaft wirksam vertreten wurde, erlischt die Handelndenhaftung mit der Handelsregistereintragung, es sei denn, der Handelnde hat zum fraglichen Zeitpunkt als Vertreter ohne Vertretungsmacht gehandelt.[169]

6.1.2. Haftung der Geschäftsführer

Der Geschäftsführer hat eine Reihe von Pflichten zu erfüllen. Kommt er diesen nicht nach bzw. verstößt er gegen diese, setzt er sich einer persönlichen Haftung aus. In Betracht kommt sowohl eine Haftung gegenüber der Gesellschaft (sog. Innenhaftung) als auch eine Haftung gegenüber Dritten (sog. Außenhaftung).

6.1.2.1. Haftung gegenüber der Gesellschaft

Grundnorm für die Haftung im Innenverhältnis ist § 43 GmbHG, welche mit der Aufnahme des Geschäftsführeramtes beginnt

---

[167] Hierzu und im Folgenden Gehrlein (2005): GmbH-Recht in der Praxis, S. 63 ff.
[168] Hierzu und im Folgenden Jula (2004): Der GmbH-Gesellschafter, S. 49.
[169] Raiser/Veil (2006): Recht der Kapitalgesellschaften, § 26 Rn. 116.

und erst endet, wenn der Geschäftsführer nicht mehr für die GmbH tätig ist. Er hat gemäß § 43 Abs. 1 GmbHG bei den Angelegenheiten der GmbH die Sorgfalt eines ordentlichen Kaufmannes anzuwenden. Als Maßstab orientiert man sich an der Stellung eines Verwalters fremden Vermögens.[170] Verletzt er seine Pflichten und entsteht der GmbH dadurch ein Schaden, hat er diesen gemäß § 43 Abs. 2 GmbHG aus seinem Privatvermögen zu ersetzen. Hat eine Gesellschaft mehrere Geschäftsführer, so sind diese solidarisch zum Schadensersatz verpflichtet. Die Haftung des bzw. der Geschäftsführer ist jedoch ausgeschlossen, wenn sie auf Weisung der Gesellschafterversammlung gehandelt haben, es sei denn, der Gesellschafterbeschluss war fehlerhaft, verstößt gegen § 43 Abs. 3 GmbHG oder war aus sonstigen Gründen rechtswidrig. Überdies haben die Gesellschafter die Möglichkeit, den Geschäftsführer durch einen Entlastungsbeschluss (§ 46 Nr. 5 GmbHG) von allen feststellbaren bzw. persönlich bekannten Ansprüchen oder durch einen Generalbereinigungsbeschluss (§ 46 Nr. 5, 8 GmbHG analog) von allen erkennbaren und nicht erkennbaren Ansprüchen von der persönlichen Haftung gegenüber der Gesellschaft zu befreien.[171] Entscheiden sie sich hingegen für die Inanspruchnahme des Geschäftsführers, so bedarf auch diese gemäß § 46 Nr. 8 GmbHG eines Gesellschafterbeschlusses. Die Gesellschafter können also regelmäßig selbst bestimmen, ob und in welchem Umfang sie gegen die Geschäftsleitung vorgehen. Dies gilt gemäß § 43 Abs. 3 S. 3 GmbHG jedoch nicht, wenn die Ersatzleistung zur Befriedung der Gesellschaftsgläubiger benötigt wird. Von praktischer Bedeutung sind in diesem Zusammenhang vor allem die Haftung nach

---

[170] Kindler (2006): Grundfragen der Geschäftsführerhaftung in der GmbH, erschienen in: JURA 2006, S. 365.

§ 43 Abs. 3 GmbHG wegen des Verstoßes gegen das Auszahlungsverbot des § 30 GmbHG oder gegen das in § 33 GmbHG
verankerte Verbot des Erwerbes eigener Geschäftsanteile und
die Haftung für Zahlungen, die nach dem Eintritt der Zahlungsunfähigkeit oder Feststellung der Überschuldung gemäß
§ 64 Abs. 2 GmbHG erfolgen. Letzterer Haftungstatbestand soll
nach dem MoMiG-Entwurf dahingehend ausgeweitet werden,
dass die Geschäftsführer auch für Zahlungen an die Gesellschafter einzustehen haben, die zur Zahlungsunfähigkeit der Gesellschaft führen.[172]

Daneben haftet der Geschäftsführer der Gesellschaft gegenüber persönlich für Delikte nach § 823 Abs. 2 BGB i.V.m. einem
Schutzgesetz und § 826 BGB. Im ersteren Fall kommen als Schutzvorschriften insbesondere der Betrug und die Untreue gemäß
den §§ 263, 266 StGB in Betracht. Die Haftung wegen vorsätzlicher sittenwidriger Schädigung nach § 826 BGB spielt in der Praxis vor allem in den Fällen eine erhebliche Rolle, in denen ein Geschäftsführer seine Position ausnutzt, um seine eigenen Interessen
durchzusetzen.[173]

6.1.2.2. Haftung gegenüber Dritten

Neben der Haftung gegenüber der Gesellschaft kennt das Gesetz auch Normen, aus denen Dritte den Geschäftsführer persön-

---

[171] Kindler (2006): Grundfragen der Geschäftsführerhaftung in der GmbH,
erschienen in: JURA 2006, S. 365.

[172] BMJ, Entwurf eines Gesetzes zur Modernisierung des GmbH-Rechts und
zur Bekämpfung von Missbräuchen (MoMiG), § 64 Abs. 2 S. 3 GmbHG-E,
S. 41. Diese Neuregelung ergänzt die bestehenden Schutzinstrumente
(§ 30 Abs. 1 GmbHG, §§ 129 ff. InsO und der Existenzvernichtungshaftung), welche die Gläubiger gegen Vermögensverschiebungen zwischen Gesellschaft und Gesellschaftern schützen.

[173] Für diesen Absatz Kindler (2006): Grundfragen der Geschäftsführerhaftung in der GmbH, erschienen in: JURA 2006, S. 367.

lich in Anspruch nehmen. So haftet der Geschäftsführer zunächst den Gesellschaftsgläubigern persönlich, wenn er gemäß § 823 Abs. 2 BGB gegen ein die Gläubiger schützendes Gesetz verstößt. Von praktischer Bedeutung sind diesbezüglich vor allem die Haftungstatbestände des § 64 Abs. 1 GmbHG und der §§ 263, 266 a StGB.[174]

Nach § 64 Abs. 1 GmbHG sind die Geschäftsführer verpflichtet, bei Zahlungsunfähigkeit oder Überschuldung ohne schuldhaftes Zögern, spätestens aber innerhalb von drei Wochen, die Eröffnung des Insolvenzverfahrens zu beantragen. Kommen sie dieser Pflicht nicht nach, so haften sie (aus § 823 Abs. 2 GmbHG i.V.m. § 64 Abs. 1 GmbHG) für den Schaden, der infolge der verspäteten Insolvenzantragsstellung entstanden ist. Beim Umfang der Schadensersatzpflicht ist zwischen Altgläubigern (Gläubiger, deren Forderungen bereits vor dem Zeitpunkt, in dem der Insolvenzantrag zu stellen gewesen wäre, begründet wurden) und Neugläubigern (Gläubiger, deren Forderungen erst nach dem Zeitpunkt, zu die Eröffnung des Insolvenzverfahrens hätte beantragt werden müssen, entstanden sind) zu unterscheiden.[175] Altgläubigern steht nur ein Schadensersatzanspruch in Höhe des Betrages zu, um den sich die Insolvenzquote des Gläubigers durch die verspätete Antragstellung verringert.[176] Dieser Anspruch kann allerdings nur durch den Insolvenzverwalter geltend gemacht werden.[177] Neugläubiger hingegen erhalten den vollen Schadensersatzbetrag und können zudem diesen Anspruch indi-

---

[174] Kindler (2006): Grundfragen der Geschäftsführerhaftung in der GmbH, erschienen in: JURA 2006, S. 368.
[175] Raiser/Veil (2006): Recht der Kapitalgesellschaften, § 32 Rn. 108.
[176] Kindler (2006): Grundfragen der Geschäftsführerhaftung in der GmbH, erschienen in: JURA 2006, S. 369.
[177] Kindler (2006): Grundfragen der Geschäftsführerhaftung in der GmbH, erschienen in: JURA 2006, S. 369 Fn. 70.

viduell geltend machen.[178] Diese Insolvenzantragspflicht kann bislang jedoch umgangen werden, wenn die Gesellschaft keinen Geschäftsführer mehr hat oder dieser „abgetaucht" ist.[179] Diese (Gläubigerschutz-) Lücke soll im Rahmen der GmbH-Reform geschlossen werden, indem § 64 Abs. 1 S. 2 GmbHG-E vorsieht, dass bei Führungslosigkeit der Gesellschaft oder bei unbekanntem Aufenthalt der Geschäftsführer jeder Gesellschafter verpflichtet ist, bei Zahlungsunfähigkeit bzw. Überschuldung einen Insolvenzantrag zu stellen, es sei denn, er hat vom Insolvenzgrund und von der Führungslosigkeit keine Kenntnis.[180] Die Geschäftsführer sind aber nicht nur schadensersatzpflichtig, sondern haben gemäß § 84 GmbHG auch strafrechtliche Sanktionen zu erwarten.

Ein Anspruch aus § 263 StGB kann sich vor allem dann ergeben, wenn der Geschäftsführer die Gläubiger bei Abschluss des Vertrages nicht über eine unzureichende Kapitalausstattung der Gesellschaft aufklärt oder ihnen die Insolvenzreife verschweigt und dadurch zumindest billigend in Kauf nimmt, dass er die Verbindlichkeiten nicht erfüllen (und dadurch die Gläubiger schädigen) werde.[181]

Nach § 266 a StGB haftet er den Sozialversicherungsträgern, wenn er gegen seine Pflicht zur ordnungsgemäßen Abführung der Arbeitnehmerbeiträge verletzt.

Darüber hinaus ist der Geschäftsführer Gesellschaftsgläubigern gegenüber wegen sittenwidriger Schädigung nach § 826 BGB zum Schadensersatz verpflichtet, wenn er z.B. wider besseres Wis-

---

[178] Raiser/Veil (2006): Recht der Kapitalgesellschaften, § 32 Rn. 108.

[179] Seibert (2006): GmbH-Reform: Der Referentenentwurf eines Gesetzes zur Modernisierung des GmbH-Rechts und zur Bekämpfung von Missbräuchen – MoMiG, erschienen in: ZIP 2006, S. 1166.

[180] BMJ, Entwurf eines Gesetzes zur Modernisierung des GmbH-Rechts und zur Bekämpfung von Missbräuchen (MoMiG).

[181] Alpmann (2004): Gesellschaftsrecht, S. 202; LG Kiel, BB 2006, S. 1470.

sens die Leistungsfähigkeit der Gesellschaft behauptet und Vertragspartner dadurch geschädigt werden.[182] Desgleichen haftet der Geschäftsführer nach § 826 BGB, wenn er den Geschäftspartner zur Erbringung wertvoller Vorleistungen veranlasst, ohne auch nur einigermaßen hinreichende Sicherheit zu haben, dass der Vertrag seitens der GmbH erfüllt werden kann.[183] In diesen Fällen liegt regelmäßig zugleich ein Eingehungsbetrug vor.

Weiterhin kommt eine Eigenhaftung aus Verschulden bei Vertragsverhandlungen nach den §§ 280 Abs. 1, 241 Abs. 2, 311 Abs. 2, 3 BGB (c.i.c.) in Betracht, wenn der Geschäftsführer als Vertreter der Gesellschaft bei den Vertragspartnern ein persönliches Vertrauen in Anspruch nimmt, das über das normale Vertrauen hinausgeht oder wenn er ein unmittelbares wirtschaftliches Eigeninteresse an dem abgeschlossenen Vertrag hat.[184] Die jüngere Rechtsprechung ist beim Bejahen dieser beiden Haftungstatbestände jedoch äußerst zurückhaltend.[185] Demnach ist eine Haftung aus c.i.c. wegen eines wirtschaftlichen Eigeninteresses nahezu ausgeschlossen und eine Haftung auf Grund der Inanspruchnahme besonderen persönlichen Vertrauens kommt nur dann in Betracht, „wenn der Geschäftsführer über das normale Verhandlungsvertrauen hinaus ein zusätzliches, von ihm selbst ausgehendes Vertrauen auf die Vollständigkeit und Rich-

---

[182] Münch. Hdb. GesR III/Marsch-Barner/Diekmann (2003): § 46 Rn. 71. Soweit es allerdings um den Kontrahierungsschaden von Neugläubigern bei der Insolvenzverschleppung geht, kommt es nicht auf einen Schädigungsvorsatz an, da dieser Schaden der Neugläubiger bereits bei Fahrlässigkeit zu ersetzen ist., vgl. Kindler (2006): Grundfragen der Geschäftsführerhaftung in der GmbH, erschienen in: JURA 2006, S. 369.

[183] Hierzu und im Folgenden Kindler (2006): Grundfragen der Geschäftsführerhaftung in der GmbH, erschienen in: JURA 2006, S. 369.

[184] Kindler (2006): Grundfragen der Geschäftsführerhaftung in der GmbH, erschienen in: JURA 2006, S. 367.

tigkeit seiner Erklärungen hervorgerufen hat, das sich im Vorfeld einer Garantiezusage bewegt".[186] Hierfür reicht es jedoch nicht aus, dass der Vertreter der Gesellschaft die Gläubiger nicht über die schlechte Vermögenssituation oder Zahlungsunfähigkeit der Gesellschaft unterricht hat.[187]

Schließlich kann ein Geschäftsführer auch dann persönlich für Gesellschaftsverbindlichkeiten (neben der GmbH) haftbar gemacht werden, wenn dieser sich dazu durch Vertrag (z.B. Garantieversprechen, Schuldübernahme, Schuldbeitritt oder Bürgschaft) verpflichtet hat.[188]

6.1.3. Haftung der Gesellschafter

Wie bereits dargelegt, haftet nach § 13 Abs. 2 GmbHG den Gläubigern gegenüber regelmäßig nicht der Gesellschafter, sondern nur die GmbH als rechtsfähige Person mit ihrem gesamten Gesellschaftsvermögen. In Ausnahmefällen kann es jedoch zu einer unbeschränkten persönlichen Außenhaftung des Gesellschafters (sog. Durchgriffshaftung) kommen. Ein solcher Ausnahmetatbestand ist zunächst gegeben, wenn ein Gesellschafter durch Zugriffe auf das Gesellschaftsvermögen die GmbH in ihrer Existenz gefährden bzw. vernichten (sog. Existenz vernichtender Eingriff).[189] Um eine Haftung wegen eines Existenz vernich-

---

[185] Eingehend dazu Raiser/Veil (2006): Recht der Kapitalgesellschaften, § 32 Rn. 99 f.; Kindler (2006): Grundfragen der Geschäftsführerhaftung in der GmbH, erschienen in: JURA 2006, S. 367 f

[186] Raiser/Veil (2006): Recht der Kapitalgesellschaften, § 32 Rn. 100 m.w.N.

[187] Kindler (2006): Grundfragen der Geschäftsführerhaftung in der GmbH, erschienen in: JURA 2006, S. 368 m.w.N.; Raiser/Veil (2006): Recht der Kapitalgesellschaften, § 32 Rn. 100 m.w.N.; A.A.: Wohlfahrt (2006): Gläubigerschutz bei EU-Auslandsgesellschaften, S. 28 m.w.N.; Forsthoff/Schulz (2005): Gläubigerschutz bei EU-Auslandsgesellschaften, § 15 Rn. 83 m.w.N.

[188] Raiser/Veil (2006): Recht der Kapitalgesellschaften, § 32 Rn. 99.

[189] Jula (2004): Der GmbH-Gesellschafter, S. 263.

tenden Eingriffs (analog § 128 HGB) bejahen zu können, müssen nach der Ansicht des BGH nachfolgende vier Voraussetzungen erfüllt sein.[190] Zuerst einmal muss die GmbH nicht mehr in der Lage sein, ihre Verbindlichkeiten zu tilgen. Zweitens muss dieser Umstand (Insolvenz der GmbH) daraus resultieren, dass der bzw. die Gesellschafter der GmbH Vermögen entzogen haben (z.B. Verzicht auf die Erfüllung von der Gesellschaft zustehenden Forderungen gegen den Gesellschafter oder Dritte, Verschieben oder Verschleudern von Gesellschaftsvermögen, Zahlung von Verbindlichkeiten eines Gesellschafters aus dem Gesellschaftsvermögen, Eingehen unverhältnismäßiger Risiken). Die Gesellschafter müssen bei diesem Vermögensentzug zudem pflichtwidrig gehandelt haben, d.h. sie müssen die gebotene Rücksicht auf die Zweckbindung des Gesellschaftsvermögens außer Acht gelassen haben. Schließlich haften die Gesellschafter nur dann wegen eines Existenz vernichtenden Eingriffs, wenn der für die GmbH durch den Vermögensentzug entstandene Nachteil nicht schon über die §§ 30 f. GmbHG ausgeglichen werden kann. Sind sämtliche Voraussetzungen dieses Haftungstatbestandes erfüllt, haften die beteiligten Gesellschafter den Gesellschaftsgläubigern oder – sofern ein Insolvenzverfahren durchgeführt wird – dem Insolvenzverwalter gegenüber persönlich für die Verbindlichkeiten der GmbH.[191] Daneben kommt nach Ansicht der Rechtsprechung in derart gelagerten Fällen möglicherweise auch eine Haftung nach § 826 BGB in Betracht.[192]

---

[190] Hierzu und im Folgenden Raiser/Veil (2006): Recht der Kapitalgesellschaften, § 29 Rn. 33 ff.; Eisenhardt (2003): Gesellschaftsrecht, § 48 Rn. 770b.

[191] Jula (2004): Der GmbH-Gesellschafter, S. 262.

[192] Wohlfahrt (2006): Gläubigerschutz bei EU-Auslandsgesellschaften, S. 28 m.w.N.

Eine zweite von der Rechtsprechung entwickelte Fallgruppe der Durchgriffshaftung stellt die Vermögensvermischung dar. Danach haben die Gesellschafter für die Verbindlichkeiten der GmbH persönlich einzustehen, wenn das Gesellschaftsvermögen nicht ordentlich vom Privatvermögen der Gesellschafter getrennt ist und durch eine undurchsichtige Buchführung oder auf andere Weise verschleiert worden ist und deshalb die Kapitalerhaltungsvorschriften, deren Einhaltung ein unverzichtbarer Ausgleich für die Haftungsbeschränkung auf das Gesellschaftsvermögen ist, nicht funktionieren können.[193] Diese Außenhaftung trifft allerdings nicht alle Gesellschafter.[194] Es können nur diejenigen Gesellschafter in Anspruch genommen werden, die auf Grund ihres beherrschenden Einflusses auf die GmbH für die Vermögensvermengung verantwortlich sind. Anzeichen, die auf eine Vermögensvermischung schließen lassen, sind beispielsweise die Erledigung buchhalterischer Aufgaben durch nicht als Buchhalter qualifizierte Personen, das Nichterstellen von Bilanzen oder die Nichtinanspruchnahme externer Berater (Steuerberater).[195]

Darüber hinaus kann die Gesellschafter eine Durchgriffshaftung wegen materieller Unterkapitalisierung treffen. Eine materielle Unterkapitalisierung liegt vor, wenn die Gesellschafter die GmbH mit zu geringen Eigenmitteln (einschließlich eigenkapitalersetzender Darlehen) ausgestattet haben, so dass ein Misserfolg mit hoher Wahrscheinlichkeit zu erwarten ist.[196] Diese Fallgruppe der Durchgriffshaftung ist in der GmbH-Praxis jedoch kaum von Bedeutung, da der BGH sie in seiner neueren Rechtsprechung re-

---

[193] BGH, ZIP 2006, S. 469 m.w.N.
[194] Hierzu und im Folgenden Gehrlein (2005): GmbH-Recht in der Praxis, S. 377.
[195] Alpmann (2004): Gesellschaftsrecht, S. 215.
[196] Münch. Hdb. GesR III/Schiessl (2003): § 35 Rn. 15.

gelmäßig ablehnt und einschlägige Fälle nach § 826 BGB beurteilt.[197]

Einen letzten Tatbestand der Durchgriffshaftung bildet der Rechtsform- oder Institutsmissbrauch. Er kommt in Betracht, wenn die Rechtsform der juristischen Person rechtsmissbräuchlich angewandt wird, um den Vertragspartner zu schädigen.[198] Allerdings wird hier ebenfalls die Notwendigkeit einer gesonderten Anspruchsgrundlage in Frage gestellt, da sich diese Fälle auch unter § 826 BGB (Haftung wegen sittenwidriger Gläubigerschädigung) subsumiert werden können.[199]

Darüber hinaus kann sich eine deliktische Haftung des Gesellschafters gegenüber Dritten aus § 826 BGB wegen sittenwidriger Gläubigerbenachteiligung ergeben.[200] Diesem Haftungstatbestand kommt in der GmbH-Praxis eine erhebliche Bedeutung zu, da die Rechtsprechung in letzter Zeit immer stärker dazu neigt, die Anwendung des § 826 BGB einer gesellschaftsrechtlich begründeten Durchgriffshaftung (insbesondere wie soeben ausgeführt in den Fällen der Haftung wegen materieller Unterkapitalisierung und wegen Rechtsform- bzw. Institutsmissbrauch) vorzuziehen.[201]

Ferner können die Gesellschaftsgläubiger die Gesellschafter für Delikte nach § 823 Abs. 2 BGB i.V.m. einem Schutzgesetz persönlich in Anspruch nehmen. Als Schutzvorschriften kommen dabei

---

[197] Raiser/Veil (2006): Recht der Kapitalgesellschaften, § 29 Rn. 42.
[198] Jula (2004): Der GmbH-Gesellschafter, S. 255.
[199] Alpmann (2004): Gesellschaftsrecht, S. 215.
[200] Hierbei wirft der subjektive Tatbestand keine unüberwindbaren Schwierigkeiten auf, da eine Schädigungsabsicht nicht verlangt wird, sondern die Kenntnis der das Sittenwidrigkeitsurteil begründenden Umstände und bedingter Vorsatz ausreichend sind., vgl. Münch. Hdb. GesR III/Schiessl (2003): § 35 Rn. 12.
[201] Raiser/Veil (2006): Recht der Kapitalgesellschaften, § 29 Rn. 23.

insbesondere der Betrug und die Untreue gemäß den §§ 263, 266 StGB in Betracht.

Schließlich kann ein Gesellschafter auch dann persönlich für Gesellschaftsverbindlichkeiten neben der GmbH in Anspruch genommen werden, wenn dieser sich dazu durch Vertrag (z.B. Garantieversprechen, Schuldübernahme, Schuldbeitritt oder Bürgschaft) verpflichtet hat.[202] Hiervon machen insbesondere die Kreditinstitute Gebrauch, die der GmbH in der Regel nur dann einen Geschäftskredit gewähren, wenn der oder die Gesellschafter für die Rückgewähr eine Sicherung bestellen oder sich dafür verbürgen.[203]

Die Gesellschafter einer GmbH setzen sich in Ausnahmefällen jedoch nicht nur einer Außenhaftung aus. Sie haften auch im Innenverhältnis gegenüber der GmbH. Hier kommt insbesondere eine Haftung wegen Verletzung des Grundsatzes der Kapitalerhaltung in Betracht. Dieser Tatbestand wurde oben im Rahmen der Kapitalerhaltung ausführlich erläutert und wird daher an dieser Stelle nicht mehr im Einzelnen dargestellt.[204]

6.2. Englische Limited

Auch die Haftungsverhältnisse einer englischen Limited mit Verwaltungssitz in Deutschland einschließlich der Haftung ihrer Organe unterliegen nach der herrschenden Meinung grundsätzlich dem Gesellschaftsstatut und dementsprechend dem englischen Recht.[205] Diese Ansicht wurde erst kürzlich durch den BGH bestä-

---

[202] Raiser/Veil (2006): Recht der Kapitalgesellschaften, § 30 Rn. 22.
[203] Gehrlein (2005): GmbH-Recht in der Praxis, S. 379.
[204] Siehe Kapitel 5.1.2.
[205] Spahlinger/Wegen (2005): Für Gesellschaften relevante Sachverhalte mit Auslandsberührung, S. 89 Rn. 324.

tigt.[206] Daneben kann es bei gerechtfertigten Eingriffen in die Niederlassung und bei anderweitiger Qualifikation einer Haftungsnorm auch zur Anwendung des deutschen Rechts kommen.

Nach dem englischen Recht haftet auch bei einer Limited den Gläubigern gegenüber nur die Gesellschaft mit ihrem Vermögen. Allerdings ergibt sich diese nicht – wie im deutschen Recht – aus dem Gesetz, sondern muss nach sec. 2 (3) CA 1985 ausdrücklich in der Gründungsurkunde (memorandum) vereinbart werden.[207] Die Geschäftsführer und Gesellschafter haften also bei Pflichtverletzungen in der Regel nur im Innenverhältnis der Gesellschaft gegenüber. In Ausnahmefällen kommt jedoch – wie bei der GmbH – auch eine Außenhaftung in Betracht. Diese (Innen- und Außen-) Haftungstatbestände sollen Gegenstand der folgenden Darstellung sein. Dabei soll – wie im vorhergehenden Abschnitt auch – zunächst die Haftung in der Gründungsphase untersucht werden, bevor dann anschließend auf die Haftung der Geschäftsführer und Gesellschafter eingegangen wird. Auf eine Darstellung der Haftung des secretary wird indes verzichtet, da dieser weitestgehend nur administrative Aufgaben zu erfüllen hat und daher das Haftungsrisiko eher gering ist.[208]

6.2.1. Haftung im Gründungsstadium

Die Rechtsverhältnisse und die Haftung im Gründungsstadium einer englischen Limited mit Betätigungsschwerpunkt in Deutschland werden nach nahezu einhelliger Meinung in Rechtsprechung und Literatur ausschließlich nach dem englischen Recht

---

[206] BGH, ZIP 2005, S. 806.
[207] Heckschen/Köklü/Maul (2005): Private Limited Company, S. 97 f. Rn. 332.
[208] Mellert/Verfürth (2005): Wettbewerb der Gesellschaftsformen, S. 114 f. Rn. 77.

beurteilt.[209] Danach durchläuft die Gesellschaft nicht wie im deutschen Recht mehrere Gründungsstadien sondern, wird erst mit ihrer Eintragung beim Companies House rechtlich existent und kann daher auch erst dann vertraglich berechtigt und verpflichtet werden. Für alle vor diesem Zeitpunkt für oder im Namen der zukünftigen Gesellschaft geschlossenen Verträge haftet der (tatsächlich) Handelnde (sog. promoter) gem. sec. 36C CA 1985 persönlich. Diese Haftung, die in erster Linie auf die Erfüllung des Vertrages gerichtet ist, erlischt allerdings nicht kraft Gesetzes mit der Rechtsfähigkeit der Limited, sondern bleibt grundsätzlich auch danach bestehen. Der Handelnde kann nur dann nicht in Anspruch genommen werden, wenn die Haftung vertraglich ausgeschlossen wurde oder wenn der Handelnde durch die Gesellschaft von der Haftung nachträglich befreit wird. Letzteres kann allerdings nur mit der Zustimmung des Vertragspartners erfolgen. Es ist also nicht ausreichend, wenn der für oder im Namen der zukünftigen Limited Handelnde und die Gesellschaft sich über die Vertrags- bzw. Schuldübernahme einigen. Vielmehr muss der Dritte, der den Vertrag mit dem Handelnden eingegangen ist, dieser Übernahme ausdrücklich zustimmen. Dies kann nach englischem Recht entweder durch Aufhebung und anschließendem Neuabschluss des Vertrages oder durch Vereinbarung eines Optionsrechts zu Gunsten der künftigen Gesellschaft erfolgen.[210] Bei gesetzlichen Schuldverhältnissen ist dies hingegen nicht möglich.[211] Entstehen also in diesem Zeitraum beispielsweise delikti-

---

[209] Hierzu und im Folgenden Schmidt (2005): Haftung und Rechtsverhältnisse im Gründungsstadium einer „deutschen" Limited, erschienen in: RIW 2005, S. 827 ff.

[210] Rehm (2005b): Die Private Company by Shares (Ltd.) nach englischem Recht, § 10 Rn. 12.

[211] Hierzu und im Folgenden Buchholz (2005): Die "Limited"/ Limited & Co. KG – eine Alternative zur deutschen GmbH/ GmbH & Co KG?, S. 10.

83

sche Ansprüche eines Gläubigers, so kann die Gesellschaft den Handelnden nicht von seiner persönlichen Haftung befreien.

6.2.2. Haftung der Geschäftsführer (directors)

Auch hier ist zunächst zwischen der Innenhaftung gegenüber der Gesellschaft und der Außenhaftung gegenüber Dritten zu unterscheiden.

6.2.2.1. Haftung gegenüber der Gesellschaft

Die Innenhaftung richtet sich nach nahezu einhelliger Meinung grundsätzlich nach englischem Recht. Danach haftet der Geschäftsführer zunächst für Schäden, die der Gesellschaft infolge der Verletzung seiner Sorgfalts- und Treuepflichten (sog. „duties of care and skill" und „fiduciary duties") entstanden sind.[212] Er hat nämlich zum einen die Pflicht, bei der Ausübung seines Amtes die ihm obliegende Sorgfalt und Gewissenhaftigkeit zu beachten (Sorgfaltspflicht)[213] und zum anderen trifft ihn die Pflicht, stets nach Treu und Glauben im Interesse der Gesellschaft zu handeln sowie die ihm eingeräumten Befugnisse (d.h. seine Geschäftsführungsbefugnis und Vertretungsmacht) nicht zu überschreiten (Treuepflicht)[214]. Diese Haftung ist nach sec. 310 (2) CA 1985 zwingend, d.h. sie kann weder in der Satzung noch im Anstellungsvertrag ausgeschlossen werden.[215] Die Gesellschafterversammlung hat jedoch regelmäßig die Möglichkeit, die pflichtwidrigen Handlungen des Geschäftsführers durch (einfachen oder qualifizierten) Beschluss zu genehmigen.[216] So kann die Gesell-

---

[212] Heinz (2004a): Die englische Limited, § 5 Rn. 7 f.
[213] Just (2005): Die englische Limited in der Praxis, S. 37 Rn. 147.
[214] Heckschen/Köklü/Maul (2005): Private Limited Company, S. 80 Rn. 281.
[215] Heckschen/Köklü/Maul (2005): Private Limited Company, S. 83 Rn. 286.
[216] Hierzu und im Folgenden Just (2005): Die englische Limited in der Praxis, S. 37 Rn. 158, 161.

schafterversammlung beispielsweise beschließen, dass der Geschäftsführer, der über den Geschäftsgegenstand hinausgehende Verträge mit gutgläubigen Dritten abgeschlossen hat, der Gesellschaft gegenüber nicht zum Schadensersatz und zur Herausgabe eventuell erzielter Gewinne verpflichtet ist. Hierzu bedarf es zweier Gesellschafterbeschlüsse, die mit einer Dreiviertelmehrheit aller abgegeben Stimmen zu fassen sind. In dem ersten Beschluss muss die Gesellschafterversammlung das eingegangene Rechtsverhältnis genehmigen, bevor sie ihn dann in einem zweiten Beschluss von der Haftung freistellen kann. Bei unzulässigen Gewinnausschüttungen hingegen ist eine Entlastung der Geschäftsführer durch die Gesellschaft ausgeschlossen.[217]

Schließlich trifft den Geschäftsführer nach der herrschenden Literaturmeinung auch eine Haftung analog § 64 Abs. 2 GmbHG, wenn er nach dem Eintritt der Zahlungsunfähigkeit der Gesellschaft oder der Feststellung ihrer Überschuldung weiterhin Zahlungen leistet, da diese Norm trotz ihrer Ansiedlung im GmbHG insolvenzrechtlich einzuordnen ist.[218]

---

[217] Schall (2005): Englischer Gläubigerschutz bei der Limited in Deutschland m.w.N., erschienen in: ZIP 2005, S. 969.

[218] So u.a. Eidenmüller (2004a): Insolvenzrecht, § 9 Rn. 31 ff.; Die Haftung der Geschäftsführer und Gesellschafter von EU-Auslandsgesellschaften mit tatsächlichem Verwaltungssitz in Deutschland, DZWir 2005, S. 406; Spahlinger/Wegen (2005): Für Gesellschaften relevante Sachverhalte mit Auslandsberührung, S. 96 Rn. 346 f.; Goette (2005): Wo steht der BGH nach „Centros" und „Inspire Art"?, erschienen in: DStR 2005, S. 200. Für eine insolvenzrechtliche Qualifikation spricht auch die amtliche Begründung des MoMiG-Entwurfes, in der u.a. heißt: „Die in diesem Entwurf vorgenommene Erweiterung des § 64 Abs. 2 hat einen starken insolvenzrechtlichen Bezug. Dies erleichtert es, § 64 Abs. 2 als insolvenzrechtliche Norm zu qualifizieren und gemäß Artikel 3 Abs. 1, 4 Abs. 1 und 2 Satz 1 EuInsVO auch in Insolvenzverfahren über das Vermögen ausländischer Gesellschaften anzuwenden, deren Tätigkeitsmittelpunkt in Deutschland liegt.", BMJ, Entwurf eines Gesetzes zur Modernisierung des GmbH-Rechts und zur Bekämpfung von Missbräuchen (MoMiG), § 5 Abs. 1 GmbHG-E. S. 65; a.A.: Schall (2005): Englischer Gläubiger-

6.2.2.2. Haftung gegenüber Dritten

Auch hinsichtlich der Außenhaftung findet, wie bereits eingangs erwähnt, regelmäßig das englische Recht Anwendung. Danach haftet der Geschäftsführer einer englischen Limited grundsätzlich nicht gegenüber Dritten.[219] Allerdings gilt auch dieser Grundsatz nicht uneingeschränkt.

So kann ein Gläubiger einen Geschäftsführer nach sec. 15 CDDA 1986 persönlich für die Verbindlichkeiten einer Limited in Anspruch nehmen, wenn er die Gesellschaft vertritt, obwohl er vom Gericht disqualifiziert wurde.[220] Der Geschäftsführer haftet in diesem Fall als Gesamtschuldner neben der Gesellschaft und zwar in Höhe aller in dem fraglichen Zeitraum begründeten Verbindlichkeiten. Diese Haftung trifft nach sec. 11 CDDA 1986 auch diejenigen Geschäftsleiter, die die Anweisungen einer disqualifizierten Person befolgen. Daneben kann er auch mit einer Geld- oder Freiheitsstrafe belegt werden.[221] Allerdings dürfte dieser Haftungstatbestand in Anbetracht der Tatsache, dass die deutschen Gerichte dem Geschäftsführer einer englischen Limited mit Verwaltungssitz in Deutschland kein Berufsverbot nach dem CDDA 1986 auferlegen können und die englischen Behörden sehr wahrscheinlich kein Interesse an einer Disqualifikation haben[222], für die deutsche Praxis kaum von Bedeutung sein.

---

schutz bei der Limited in Deutschland, erschienen in: ZIP 2005, S. 974 f.; Müller (2006a): Die englische Limited in Deutschland – für welche Unternehmen ist sie tatsächlich geeignet?, erschienen in: BB 2006, S. 838 f.

[219] Just (2005): Die englische Limited in der Praxis, S. 38 Rn. 163; BGH, ZIP 2006, S. 469.

[220] Hierzu und im Folgenden Just (2005): Die englische Limited in der Praxis, S. 38 Rn. 165.

[221] Heckschen/Köklü/Maul (2005): Private Limited Company, S. 76 Rn. 260.

[222] Siehe dazu näher oben Kapitel 3.2.5.2.

Darüber hinaus kommt im Zusammenhang mit der Insolvenz eine persönliche Haftung nach sec. 213 IA 1986 (fraudulent trading) und sec. 214 IA 1986 (wrongful trading) und eine Disqualifizierung nach sec. 10 CDDA 1986 in Betracht. Beide Ansprüche stehen aber nicht unmittelbar den Gläubigern oder der Gesellschaft zu, sondern können nur durch den Liquidator vor dem Insolvenzgericht geltend gemacht werden, dass die Höhe der Schadensersatzpflicht nach eigenem Ermessen festlegt.[223] Nach sec. 213 IA 1986 haftet ein Geschäftsführer, wenn er im Rahmen der Abwicklung einer (insolventen) Limited die Geschäfte mit der Absicht die Gesellschaftsgläubiger zu betrügen bzw. zu schädigen, fortführt.[224] Allerdings kann dieser Anspruch in der Praxis nur selten durchgesetzt werden, da der Kläger den Nachweis erbringen muss, dass der Geschäftsführer mit Betrugsabsicht gehandelt hat. Gemäß sec. 214 IA 1986 macht ein Geschäftsführer sich schadensersatzpflichtig, wenn er die Geschäfte der Gesellschaft fortführt, obwohl er wusste oder hätte wissen müssen, dass das Unternehmen zahlungsunfähig ist und keine Aussicht auf Vermeidung der Insolvenz der Gesellschaft mehr besteht und er nicht alle zumutbaren Maßnahmen ergriffen hat, um den Schaden auf Seiten der Gläubiger zu minimieren.[225] Hierbei muss der Geschäftsführer beweisen, dass er alles unternommen hat, um die Nachteile der Gesellschaftsgläubiger so gering wie möglich zu halten. Entscheidender Anknüpfungspunkt dieses Haftungstatbestandes ist der „moment of truth", d.h. der Zeitpunkt, in dem einem Geschäftsführer die Insolvenz der Gesellschaft be-

---

[223] Heckschen/Köklü/Maul (2005): Private Limited Company, S. 178 f. Rn. 666.
[224] Hierzu und im Folgenden Just (2005): Die englische Limited in der Praxis, S. 38 f. Rn. 167.
[225] Hierzu und im Folgenden Mellert/Verfürth (2005): Wettbewerb der Gesellschaftsformen, S. 114 Rn. 76.

wusst wird; für rechtsgeschäftliche Handlungen nach diesem Zeitpunkt, aus denen den Gläubigern ein Nachteil erwächst, hat der Geschäftsführer persönlich einzustehen.[226] Dieser – nicht nur den bestellten, sondern auch den faktischen Geschäftsführer und den sog. shadow director treffende – Haftungstatbestand stellt zwar an sich ein wirksames Instrument zum Schutz der Gläubiger dar, allerdings ist es in der englischen Rechtspraxis bislang von geringer Bedeutung.[227] So sind zwischen 1997 und 2004 nur drei Geschäftsleiter wegen „wrongful trading" verurteilt worden, wobei der letzte Fall im Jahr 1999/2000 entschieden wurde.[228] Das liegt vor allem daran, dass das Verfahren nur auf Antrag des Liquidators begonnen wird, welcher wegen der hohen persönlichen Risiken in der Regel davon absieht.[229] Er setzt sich nämlich – wegen der zumeist schwierigen und kostenintensiven Beweisführung – der Gefahr aus, dass er im Prozess unterliegt und die (hohen) Kosten nach Befriedigung der gesicherten und bevorzugten Gläubiger nicht mehr aus der Insolvenzmasse begleichen kann, sondern selbst dafür aufkommen muss. Allerdings ist umstritten, ob diese beiden Haftungsnormen der Insolvenzverschleppung auf eine englische Limited mit Verwaltungssitz in Deutschland angewendet werden können. Während die herrschende Meinung die Anwendbarkeit dieser Bestimmungen auf Grund ihrer

---

[226] Heckschen/Köklü/Maul (2005): Private Limited Company, S. 179 Rn. 668. Die Vorsehbarkeit der Insolvenz kann unter Umständen schon bei der Gründung der Gesellschaft bestehen, wenn diese von Anfang an eindeutig unterkapitalisiert ist. Insoweit kann eine unzureichende Kapitalausstattung bei der Gründung trotz fehlenden Mindestkapitals problematisch sein., vgl. Happ/Holler (2004): „Limited" statt GmbH, erschienen in: DStR 2004, S. 733.

[227] Just (2005): Die englische Limited in der Praxis, S. 40 Rn. 168, 171.

[228] Tiedemann (2006): Rechtsformwahl unter dem Aspekt der Niederlassungsfreiheit, S. 256.

[229] Hierzu und im Folgenden Gernoth (2005): Pseudo Foreign Companies – Who Art Thou?, S. 155 ff.

insolvenzrechtlichen Qualifikation zutreffend ablehnt[230], spricht sich die Gegenmeinung trotz seiner Verortung im Insolvency Act 1986 für eine gesellschaftsrechtliche Zuordnung und damit für die Geltung dieser Regelungen auch für Geschäftsführer einer überwiegend in Deutschland tätigen Limited aus[231].

Mit dem soeben dargestellten Meinungsstreit einhergehend wird auch die persönliche Haftung wegen Insolvenzverschleppung nach deutschem Recht (§ 823 Abs. 2 BGB i.V.m. § 64 Abs. 1 GmbHG) uneinheitlich beurteilt. So hat das AG Bad Segeberg einen Anspruch aus (deutscher) Insolvenzverschleppung gegen einen Geschäftsführer einer in Deutschland tätigen englischen Limited verneint, da diese Haftung dem Gesellschaftsstatut unterliegt und die Einschränkung der Niederlassungsfreiheit auf Grund der Tatsache, dass das englische Recht durch die Institute des „Wrongful" und „Fraudulent Trading" im Falle einer Insolvenz einen umfassenden Gläubigerschutz gewährleistet, nicht gerechtfertigt ist.[232] Die herrschende Meinung

---

[230] So u.a. Gräfe (2005): Director's fiduciary duties als Gläubigerschutzinstrument bei britischen Limiteds mit Verwaltungssitz in Deutschland, erschienen in: DZWiR 2005, S. 411 f., Borges (2004): Gläubigerschutz bei ausländischen Gesellschaften mit Sitz im Inland, erschienen in: ZIP 2004, S. 739 f.; Lieder (2005): Die Haftung der Geschäftsführer und Gesellschafter von EU-Auslandsgesellschaften mit tatsächlichem Verwaltungssitz in Deutschland, erschienen in: DZWir 2005, S. 408; Eidenmüller (2004a): Insolvenzrecht, § 9 Rn. 32; LG Kiel, BB 2006, S. 1469; Wachter (2006): Persönliche Haftung des Gründers einer englischen private limited company, erschienen in: BB 2006, S. 1465 f.

[231] So u.a. Müller (2006b): Die Limited in Deutschland: Ein Überblick über das anzuwendende englische Gesellschaftsrecht, erschienen in: DB 2006, S. 827; Schumann (2004): Die englische Limited mit Verwaltungssitz in Deutschland: Kapitalaufbringung, Kapitalerhaltung und Haftung bei Insolvenz, erschienen in: DB 2004, S. 748; Mock/ Schildt (2005): Insolvenz ausländischer Kapitalgesellschaften mit Sitz in Deutschland, § 16 Rn. 46; Just (2006): Anmerkung zum Urteil des LG Kiel vom 20.4.2006, erschienen in ZIP 2006, S. 1252.

[232] AG Bad Segeberg, GmbHR 2005, S. 885 m.w.N; ebenso Wohlfahrt (2006): Gläubigerschutz bei EU-Auslandsgesellschaften, S. 34 f.; Müller

im Schrifttum geht hingegen davon aus, dass § 823 Abs. 2 BGB i.V.m. § 64 Abs. 1 GmbHG (auf Grund der insolvenzrechtlichen Qualifikation) auch auf den Geschäftsführer einer englischen Limited mit ausschließlicher Tätigkeit in Deutschland anwendbar ist.[233] Dieser Auffassung hat sich kürzlich auch das LG Kiel angeschlossen und das Urteil des AG Bad Segeberg aufgehoben.[234] Zur Begründung hat es ausgeführt, dass erstens die Insolvenzantragspflicht aus § 64 Abs. 1 GmbHG trotz seiner Verortung im GmbHG insolvenzrechtlich einzuordnen ist und zweitens die Anwendung der Insolvenzverschleppungshaftung die gemeinschaftsrechtlich verankerte Niederlassungsfreiheit nicht eingeschränkt oder eine etwaige Beschränkung der Niederlassungsfreiheit jedenfalls aus zwingenden Gründen des allgemeinen Interesses gerechtfertigt ist. Schließlich hat sich auch die Bundesregierung dahingehend geäußert, dass vieles für eine insolvenzrechtliche Qualifikation des § 64 Abs. 1 GmbHG und einer daraus resultierenden persönlichen Haftung des Geschäftsführers einer überwiegend in Deutschland tätigen Limited spricht.[235]

---

[233]   (2006a): Die englische Limited in Deutschland – für welche Unternehmen ist sie tatsächlich geeignet?, erschienen in: BB 2006, S. 838 f.; Schall (2005): Englischer Gläubigerschutz bei der Limited in Deutschland, erschienen in: ZIP 2005, S. 974 f.
So u.a. Wachter (2006): Persönliche Haftung des Gründers einer englischen private limited company, erschienen in: BB 2006, S. 1463 ff.; Borges (2004): Gläubigerschutz bei ausländischen Gesellschaften mit Sitz im Inland, erschienen in: ZIP 2004, S. 737 ff.; Spahlinger/Wegen (2005): Für Gesellschaften relevante Sachverhalte mit Auslandsberührung, S. 96 Rn. 346; Goette (2005): Wo steht der BGH nach „Centros" und „Inspire Art"?, erschienen in: DStR 2005, S. 200; Eidenmüller (2004): Geschäftsleiter- und Gesellschafterhaftung bei europäischen Auslandsgesellschaften mit tatsächlichem Inlandsitz, erschienen in: NJW 2005, S. 1620 f.

[234]   LG Kiel, BB 2006, S. 1468 ff.; AG Bad Segeberg, GmbHR 2005, S. 884.

[235]   Antwort der Bundesregierung auf die Kleine Anfrage der Abgeordneten Otto Fricke, Dr. Max Stadler, Jens Ackermann, weiterer Abgeordneter und der Fraktion der FDP, BT-Drucks. vom 16.12.2005, Frage 27 und 29; Der MoMiG-Entwurf vom 29.05.2006 sieht diesbezüglich allerdings keine Klarstellung vor.

Überdies haften die Geschäftsführer nach vorherrschender Ansicht in der Literatur für unerlaubte Handlungen gemäß den §§ 826, 823 Abs. 2 BGB i.V.m. §§ 263 ff. StGB. Dies wird einerseits damit begründet, dass derartige Ansprüche gemäß Art. 40 EGBGB dem Recht des Handlungs- bzw. Erfolgsortes unterliegen und anderseits damit, dass diese Haftungsnormen als Bestandteile des allgemeinen Verkehrsrechts nicht in den Schutzbereich der Niederlassungsfreiheit fallen.[236] Überdies wäre ein etwaiger Eingriff in die Niederlassungsfreiheit (auf Grund der Anknüpfung dieser Vorschriften an ein missbräuchliches Verhalten im konkreten Einzelfall) europarechtlich gerechtfertigt, da die immanenten Schranken der Niederlassungsfreiheit bei missbräuchlichem und betrügerischem Verhalten überschritten sind.[237] Teilweise wird in der Literatur jedoch die Auffassung vertreten, dass die Erstreckung des deutschen Deliktsrechts auf die Organe ausländischer Gesellschaften ausscheidet, wenn das rechtswidrige Verhalten aus der Verletzung spezifisch gesellschaftsbezogener Pflichten resultiert.[238] Dem kann nicht gefolgt

---

[236] In Auswahl: Wohlfahrt (2006): Gläubigerschutz bei EU-Auslandsgesellschaften, S. 37 m.w.N.; Borges (2004): Gläubigerschutz bei ausländischen Gesellschaften mit Sitz im Inland, erschienen in: ZIP 2004, S. 741.

[237] In Auswahl: Forsthoff/Schulz (2005): Gläubigerschutz bei EU-Auslandsgesellschaften, § 15 Rn. 58 ff., 81; Heckschen/Köklü/Maul (2005): Private Limited Company, S. 85 Rn. 290; Borges (2004): Gläubigerschutz bei ausländischen Gesellschaften mit Sitz im Inland, erschienen in: ZIP 2004, S. 741; Kiethe (2005): Abwehrfunktion des nationalen Deliktsrechts im Inter-nationalen Gesellschaftsrecht?, erschienen in: RIW 2005, S. 655.

[238] Eidenmüller (2005): Geschäftsleiter- und Gesellschafterhaftung bei europäischen Auslandsgesellschaften mit tatsächlichem Inlandsitz, erschienen in: NJW 2005, S. 1620, der sich dann für die akzessorische Anknüpfung an das Gesellschaftsstatut nach Art. 41 EGBGB ausspricht.; Kiethe (2005): Abwehrfunktion des nationalen Deliktsrechts im Internationalen Gesellschaftsrecht?, erschienen in: RIW 2005, S. 654, der hiervon jedoch die oben angeführten Vorschriften ausnimmt, da diese an

91

werden. Denn einerseits geht, wie *Wachter* es zutreffend aus-
führt, ein deliktisches Verhalten regelmäßig über eine bloße Verletzung gesellschaftsrechtlicher Pflichten hinaus.[239] Andererseits
knüpfen diese Haftungsnormen immer an ein verwerfliches Verhalten an, dass gerade nicht durch die Niederlassungsfreiheit
gedeckt werden soll. Auch die Rechtsprechung spricht sich für
die Anwendbarkeit dieser deliktsrechtlichen Vorschriften auf Geschäftsführer einer englischen Limited aus. So hat u.a. das LG
Kiel[240] – ohne näher auf die europarechtlichen Vorgaben einzu-
gehen – eine Haftung nach § 823 Abs. 2 BGB i.V.m. § 263 StGB
wegen Eingehungsbetrug bejaht und auch der BGH[241] zieht eine
Haftung nach den §§ 823 ff. BGB in Betracht.

Schließlich ist auch die Haftung aus c.i.c. auf den Geschäftsführer einer in Deutschland ansässigen englischen Limited anwendbar, da diese Haftungsnorm – unabhängig von der umstrittenen
Anknüpfung an das Vertragsstatut oder Deliktsstatut – Bestandteil
des allgemeinen Verkehrsrechts ist und damit den Schutzbereich
der Niederlassungsfreiheit nicht berührt oder eine etwaige Beschränkung jedenfalls europarechtlich gerechtfertigt ist.[242]

---

ein missbräuchliches bzw. betrügerisches Verhaltens anknüpfen, so dass
sich die Gesellschaftsorgane nicht auf die Niederlassungsfreiheit berufen können.
[239] Wachter (2005b): Persönliche Haftungsrisiken bei englischen private limited companies mit inländischem Verwaltungssitz, erschienen in:
DStR 2005, S. 1821.
[240] LG Kiel, BB 2006, S. 1470; ebenso AG Bad Segeberg, GmbHR 2005, S.
886.
[241] BGH, ZIP 2005, S. 806.
[242] H.M.; so u.a. Forsthoff/Schulz (2005): Gläubigerschutz bei EU-
Auslandsgesellschaften, § 15 Rn. 84 ff.; Schall (2005): Englischer Gläubigerschutz bei der Limited in Deutschland, erschienen in: ZIP 2005, S. 975;
Wohlfahrt (2006): Gläubigerschutz bei EU-Auslandsgesellschaften, S. 37;
A.A.: Eidenmüller (2004b): Gesellschaftsrecht, § 4 Rn. 30 f.

6.2.3. Haftung der Gesellschafter (members)

Die Haftung der Gesellschafter ist nach englischem Recht – sofern die Satzung eine entsprechende Klausel enthält – mit der Erteilung der Gründungsurkunde grundsätzlich auf die Höhe der übernommen Anteile beschränkt.[243] Überdies ist in dieser Rechtsordnung vorrangig der Geschäftsführer und nicht der Gesellschafter schadensersatzpflichtig.[244] In Ausnahmefällen kann es jedoch auch hier zu einer unbeschränkten Außenhaftung des Gesellschafters und damit zu einem Haftungsdurchgriff (sog. piercing the corporate veil) kommen, der auf Grund seiner gesellschaftsrechtlichen Qualifikation auch die Gesellschafter einer in Deutschland ansässigen englischen Limited trifft.[245] So haftet ein Gesellschafter für die Verbindlichkeiten der Gesellschaft persönlich, wenn er die Limited zu rechtsmissbräuchlichen Zwecken verwendet (Rechtsformmissbrauch) oder wenn er in betrügerischer Absicht handelt.[246] Hierunter fallen auch Konstellationen, die z.B. in Deutschland der Existenzvernichtungshaftung oder materieller Unterkapitalisierung unterliegen.[247] Die englische Rechtsprechung ist beim Stattgeben derartiger Klagen jedoch äußerst zurückhaltend.[248]

Inwieweit die Gesellschafter einer englischen Limited mit Verwaltungssitz in Deutschland auch nach deutschem Recht für die Verbindlichkeiten ihrer Gesellschaft persönlich einzustehen haben, ist indes stark umstritten. Im Mittelpunkt der Diskussionen ste-

---

[243] Heckschen/Köklü/Maul (2005): Private Limited Company, S. 99 f. Rn. 338.
[244] Buchholz (2005): Die "Limited"/ Limited & Co. KG – eine Alternative zur deutschen GmbH/ GmbH & Co KG?, S. 31.
[245] Wohlfahrt (2006): Gläubigerschutz bei EU-Auslandsgesellschaften, S. 30.
[246] Heckschen/Köklü/Maul (2005): Private Limited Company, S. 98 Rn. 332.
[247] Tiedemann (2006): Rechtsformwahl unter dem Aspekt der Niederlassungsfreiheit, S. 257 m.w.N.
[248] Heinz (2004a): Die englische Limited, § 10 Rn. 3.

hen vor allem die von der Rechtsprechung entwickelten Fall-
gruppen der Durchgriffshaftung, die Haftung nach § 826 BGB
und die Haftung nach § 823 Abs. 2 BGB i.V.m. bestimmten
Schutzgesetzen, deren Anwendbarkeit im Folgenden nachgegangen wird.

Bei der Durchgriffshaftung geht es grundsätzlich um die Durch-
brechung des Trennungsprinzips (Trennung von Gesellschafts-
und Gesellschaftervermögen). Sie ist demgemäß gesellschaftsrechtlicher Natur[249] und beschränkt infolgedessen die Niederlassungsfreiheit der englischen Limited. Damit kommt eine Anwendung dieser Rechtsprechungsregeln nach den Vorgaben des
EuGH praktisch nur dann in Betracht, wenn die Gesellschafter die
Niederlassungsfreiheit missbräuchlich bzw. betrügerisch ausge-
nutzt haben und sich damit nicht auf Niederlassungsfreiheit berufen können oder wenn diese Sonderanknüpfung nach dem Vier-
Konditionen-Test gerechtfertigt ist.[250]

Ein Indiz für einen Rechtsmissbrauch ist einer Entscheidung des
Amtsgerichtes Hamburg[251] zu folge schon die Tatsache, dass eine

---

[249] H.M., so u.a. Palandt/Heldrich (2006): Anh. zu Art. 12 EGBGB Rn. 14;
Forsthoff/Schulz (2005): Gläubigerschutz bei EU-Auslandsgesellschaften,
§ 15 Rn. 50 ff.; Müller (2006b): Die Limited in Deutschland: Ein Überblick
über das anzuwendende englische Gesellschaftsrecht, erschienen in:
DB 2006, S. 829; Schumann (2004): Die englische Limited mit Verwal-
tungssitz in Deutschland: Kapitalaufbringung, Kapitalerhaltung und Haf-
tung bei Insolvenz, erschienen in: DB 2004, S. 749; Eidenmüller (2004b):
Gesellschaftsrecht, § 4 Rn. 16 ff.; Wohlfahrt (2006): Gläubigerschutz bei
EU-Auslandsgesellschaften, S. 28 m.w.N.; Spahlinger/Wegen (2005): Für
Gesellschaften relevante Sachverhalte mit Auslandsberührung, S. 91 ff.
Rn. 332 ff.; AG Bad Segeberg, GmbHR 2005, S. 885.

[250] Zwar ist eine Beschränkung der Niederlassungsfreiheit durch nationale
Maßnahmen eines Mitgliedstaates auch aus einem der in Art. 46 EG
genannten Gründe (öffentliche Ordnung, Sicherheit oder Gesundheit)
gerechtfertigt, jedoch wird eine solche Rechtfertigung regelmäßig nicht
in Betracht kommen, vgl. Spahlinger (2005): Deutsches Internationales
Gesellschaftsrecht, S. 45 Rn. 197 m.w.N.

[251] AG Hamburg, GmbHR 2003, S. 957.

ausschließlich in Deutschland tätige englische Limited nicht mit tatsächlichem Kapital ausgestattet ist. Dieser Ansicht kann auf Grund der Vorgaben des EuGH nicht gefolgt werden.[252] Im vorliegenden Fall kamen allerdings noch andere Umstände hinzu, die m.E. letztlich zutreffend eine europarechtlich zulässige Durchgriffshaftung wegen rechtsmissbräuchlicher Gestaltung begründete.[253] Die englische Kapitalgesellschaft war nämlich derart mit einer deutschen GmbH verbunden, dass das Geschäftskonzept dieser Gesellschaften darauf ausgerichtet war, Forderungen und Verbindlichkeiten zu trennen und auf zwei unterschiedliche Rechtsträger zu leiten. Dabei sollte die kapitalschwache englische Limited sämtliche Verbindlichkeiten und die GmbH sämtliche Einnahmen beider Gesellschaften übernehmen. Weitere Entscheidungen, die eine zulässige Beschränkung der Niederlassungsfreiheit auf Grund eines Missbrauchs oder Betrugs bejaht haben, sind bislang nicht ergangen. Im Übrigen geht der überwiegende Teil der Literatur davon aus, dass die Anwendung der Durchgriffshaftung des BGH auf EU-Auslandsgesellschaften unter dem Gesichtspunkt des Missbrauchs bzw. Betruges in Anbetracht der restriktiven Linie des EuGH zur Missbrauchsausnahme[254] regelmäßig ausscheidet.[255]

---

[252] Der EuGH betont in seinem Urteil in Sachen „Centros", dass es gerade keinen Missbrauch darstellt, dass eine Gesellschaft in dem sie ihren Sitz hat, keine Geschäftstätigkeit entfaltet und ihre Tätigkeit ausschließlich im Mitgliedstaat ihrer Zweigniederlassung ausübt.

[253] Ebenso Forsthoff/Schulz (2005): Gläubigerschutz bei EU-Auslandsgesellschaften, § 15 Rn. 75; A.A.: Eidenmüller (2004c): Beschränkung der Niederlassungsfreiheit und ihre Rechtfertigung, § 3 Rn. 102.

[254] Der EuGH hat in seinen Urteilen zur Niederlassungsfreiheit stets das Vorliegen einer missbräuchlichen bzw. betrügerischen Verhaltensweise verneint und zudem deutlich gemacht, dass eine Einschränkung der Niederlassungsfreiheit auf Grund eines solchen Fehlverhaltens nur unter besonderen Umständen des konkreten Einzelfalls in Betracht kommt.

Vielmehr kann die Missbrauchsausnahme die Berufung auf die Niederlassungsfreiheit erst dann ausschließen, wenn dem oder den Gesellschaftern im konkreten Fall eine vorsätzliche rechtswidrige Schädigung eines Gläubigers nachgewiesen werden kann, d.h. also die Voraussetzungen des § 826 BGB oder des § 823 Abs. 2 BGB i.V.m. § 263 ff. StGB erfüllt sind.

Kann die Einschränkung der Niederlassungsfreiheit im konkreten Einzelfall nicht auf ein missbräuchliches oder betrügerisches Verhalten gestützt werden, kommt – wie eingangs bereits erwähnt – praktisch nur noch eine Rechtfertigung nach dem Vier-Konditionen-Test in Betracht. Als Rechtfertigungsgrund kommt vorrangig der Gläubigerschutz in Betracht.[256] Unproblematisch ist auch, dass die Anwendung der Durchgriffshaftung auf die Gesellschafter einer englischen Limited nicht diskriminierend wirkt und geeignet ist, das hiermit verfolgte Ziel des Gläubigerschutzes auch tatsächlich zu erreichen.[257] Schwierigkeiten bereitet hingegen der Nachweis der Erforderlichkeit dieser Sonderanknüpfung. Diesbezüglich herrschen in der Literatur sehr unterschiedliche Ansichten, wobei der überwiegende Teil der Literatur dieses Tatbestandsmerkmal verneint.[258] So gehen *Spahlinger/ Wegen* beispielsweise davon aus, dass dieses Kriterium generell nicht erfüllt

---

[255] Eidenmüller (2004c): Beschränkung der Niederlassungsfreiheit und ihre Rechtfertigung, § 3 Rn. 73 ff.; Schall (2005): Englischer Gläubigerschutz bei der Limited in Deutschland, erschienen in: ZIP 2005, S. 974; i.E. auch Forsthoff/Schulz (2005): Gläubigerschutz bei EU-Auslandsgesellschaften, § 15 Rn. 56 ff. und Kiethe (2005): Abwehrfunktion des nationalen Deliktsrechts im Inter-nationalen Gesellschaftsrecht?, erschienen in: RIW 2005, S. 652; A.A.: Borges (2004): Gläubigerschutz bei ausländischen Gesellschaften mit Sitz im Inland, erschienen in: ZIP 2004, S. 742.

[256] Spahlinger/Wegen (2005): Für Gesellschaften relevante Sachverhalte mit Auslandsberührung, S. 95 Rn. 344.

[257] So auch Wohlfahrt (2006): Gläubigerschutz bei EU-Auslandsgesellschaften, S. 30.

[258] A.A.: Borges (2004): Gläubigerschutz bei ausländischen Gesellschaften mit Sitz im Inland, erschienen in: ZIP 2004, S. 743.

sein wird, da der EuGH in seiner Entscheidung in Sachen Inspire Art darauf abgestellt hat, dass die Gläubiger hinreichend über die Geltung ausländischen Rechts informiert sind.[259] Eine andere Literaturmeinung stellt hingegen m.E. zutreffend darauf ab, ob das ausländische Recht in seiner Gesamtheit einen ausreichenden Schutz bietet oder nicht und gelangt dann schließlich zu dem Ergebnis, dass diese Sonderanknüpfung nicht erforderlich ist, da die (deutschen) Gläubiger durch das englische Recht hinreichend geschützt sind.[260] Demzufolge stellt die Anwendung der deutschen Durchgriffshaftung auf die Gesellschafter einer englischen Limited auf Grund der fehlenden Rechtfertigung eine unzulässige Beschränkung der Niederlassungsfreiheit dar.

Demgegenüber trifft die Gesellschafter die Haftung wegen unerlaubter Handlungen nach den §§ 826, 823 Abs. 2 BGB i.V.m. §§ 263 ff. StGB.[261] Diesen deliktischen Tatbeständen – insbesondere § 826 BGB – dürfte zukünftig gerade im Hinblick auf die von der h.M. zu Recht angenommene Unanwendbarkeit der Durchgriffshaftung des BGH eine erhebliche Bedeutung zukommen, da sich die meisten Fälle auch über das Deliktsrecht lösen lassen. So hätte beispielsweise das AG Hamburg[262] die dem Sachverhalt zugrunde liegende anstößige gesellschaftsrechtliche Gestaltung (sog. Aschenputtel-Strategie) auch unter § 826 BGB subsumieren können.[263]

[259] Spahlinger/Wegen (2005): Für Gesellschaften relevante Sachverhalte mit Auslandsberührung, S. 95 Rn. 344.
[260] So u.a. Forsthoff/Schulz (2005): Gläubigerschutz bei EU-Auslandsgesellschaften, § 15 Rn. 70 ff. m.w.N.; Eidenmüller (2004b): Gesellschaftsrecht, § 4 Rn. 26 ff.; Wohlfahrt (2006): Gläubigerschutz bei EU-Auslandsgesellschaften, S. 30 f.; Schall (2005): Englischer Gläubigerschutz bei der Limited in Deutschland, erschienen in: ZIP 2005, S. 974.
[261] Siehe dazu näher oben Kapitel 6.2.2.2.
[262] AG Hamburg, GmbHR 2003, S. 957.
[263] Forsthoff/Schulz (2005): Gläubigerschutz bei EU-Auslandsgesellschaften, § 15 Rn. 74.

6.3. Zwischenresümee

Die Rechts- und Haftungsverhältnisse im Gründungsstadium sind bei GmbH und Limited sehr unterschiedlich geregelt. Während die GmbH mehrere Gründungsstadien durchläuft und bereits in der Phase der Vorgesellschaft, d.h. mit der Beurkundung des Gesellschaftsvertrages, vertraglich gebunden werden kann, ist die englische Limited erst mit ihrer Registrierung beim Companies House rechtlich existent und kann auch erst ab diesem Zeitpunkt Rechtsgeschäfte eingehen. Für die Verbindlichkeiten der Vorgesellschaft haftet zunächst die Gesellschaft und mit ihrer Handelsregistereintragung die GmbH, da die Schulden der Vorgesellschaft kraft Gesetz auf die GmbH übergehen. Daneben trifft die Gesellschafter vor der Eintragung der GmbH in das Handelsregister die von der Rechtsprechung entwickelte Verlustdeckungshaftung, die nach der Eintragung zu einer Vorbelastungshaftung wird und die Geschäftsführer die Handelndenhaftung des § 11 Abs. 2 GmbHG, die mit der Handelsregistereintragung erlischt. Bei der englischen Limited hingegen haftet für vor der Registrierung begründete Verbindlichkeiten grundsätzlich nur derjenige, der den Vertrag im Namen der zukünftigen Gesellschaft abgeschlossen hat. Überdies erlischt diese Haftung auch nicht kraft Gesetzes mit der Existenz der Limited sondern dauert solange an, wie der Gläubiger der Vertragsübernahme durch die Limited nicht eindeutig zugestimmt hat. Dies entspricht in etwa der Rechtslage bei der GmbH im Gründungsstadium der Vorgründungsgesellschaft.

Ein Vergleich der GmbH mit der englischen Limited im Hinblick auf die Haftung der Geschäftsführer lässt sich nur hypothetisch vornehmen, da bislang weitgehend ungeklärt ist, welche englischen bzw. deutschen (Gläubigerschutz-) Vorschriften auf die englische Limited mit Verwaltungssitz in Deutschland angewendet werden können. Nach der hier vertretenen Auffassung enthält das englische Rechtssystem zwar wirkungsvolle Gläubigerschutzinstrumente (fraudulent trading, wrongful trading, CDDA 1986), allerdings finden diese keine Anwendung oder entfalten wegen des fehlenden öffentlichen Interesses keine Wirkung, wenn die Limited ihren Verwaltungssitz in Deutschland hat. Demgegenüber kann eine Vielzahl deutscher Vorschriften, die eine persönliche Haftung des GmbH-Geschäftsführers gegenüber Dritten auslösen, auch auf den Geschäftsführer einer in Deutschland tätigen englischen Limited angewendet werden, da diese entweder dem allgemeinen Verkehrsrecht oder dem Insolvenzrecht angehören. Damit können die bei Briefkastengesellschaften entstehenden Gläubigerschutzlücken im Wesentlichen geschlossen werden. So kann beispielsweise ein Anspruch aus sec. 213 IA 1986 („fraudulent trading") hierzulande in den meisten Fällen über § 823 Abs. 2 BGB i.V.m. § 263 StGB oder § 826 BGB geltend gemacht werden. Diese Direktansprüche haben sogar noch den Vorteil, dass der Gläubiger volle Befriedigung erlangt und sich nicht mit dem Liquidationsanteil zufrieden geben muss.[264] Überdies kann auch die unanwendbare Haftung aus „wrongful trading" durch die Anwendbarkeit der deutschen Insolvenzverschleppungshaftung flankiert werden.

Betrachtet man die Haftung der Gesellschafter bei beiden Gesellschaftsformen, so lassen sich durchaus Gemeinsamkeiten feststellen. So ist zunächst sowohl bei der englischen Limited als auch bei der GmbH die Haftung der Gesellschafter auf die versprochene Einlage beschränkt. Überdies ist beiden Rechtssystemen das Rechtsinstitut der Durchgriffshaftung bekannt. Allerdings

---

[264] Gernoth (2005): Pseudo Foreign Companies – Who Art Thou?, S. 136.

kommt ein Haftungsdurchgriff nach englischem Recht – im Gegensatz zu den deutschen Durchgriffsregeln – wesentlich seltener in Betracht und ist daher von geringer praktischer Bedeutung. Inwieweit die deutschen Durchgriffsregeln auch auf die englische Limited mit Verwaltungssitz in Deutschland Anwendung finden, ist indes stark umstritten. M.E. ist dies grundsätzlich zu verneinen, da diese gesellschaftsrechtlich zu qualifizieren sind. Die Vorschriften des deutschen Deliktsrechts sind hingegen auch auf EU-Auslandsgesellschaften anwendbar. In diesem Zusammenhang ist insbesondere § 826 BGB von Bedeutung, da sich viele Fälle, die einen Haftungsdurchgriff begründen, auch über diese deliktsrechtliche Norm lösen lassen. Damit unterliegt die englische Limited im Bereich der Gesellschafterhaftung sogar strengeren (Gläubigerschutz-) Vorschriften, wenn sie ihren Tätigkeitsschwerpunkt nach Deutschland verlagert.

7. Rechnungslegungs- und Publizitätsvorschriften

Dieses Kapitel befasst sich mit den Rechnungslegungs- und Publizitätspflichten der GmbH und der englischen Limited mit Verwaltungssitz in Deutschland, die zunächst für jede Rechtsform separat dargestellt und anschließend miteinander verglichen werden.

7.1. GmbH

7.1.1. Rechnungslegung

Die GmbH ist gemäß § 13 Abs. 3 GmbHG eine Handelsgesellschaft im Sinne des HGB und damit Formkaufmann im Sinne des § 6 HGB.[265] Daher hat sie die Rechnungslegungsvorschriften der §§ 238 ff. HGB zu beachten.

So ist sie zunächst buchführungs- und inventurpflichtig (§ 238 Abs. 1, § 240 GmbHG).[266] Diese Unterlagen sind gemäß § 257 Abs. 5 i.V.m. Abs. 1 HGB zehn Jahre aufzubewahren.

Überdies hat der Geschäftsführer der GmbH nach §§ 242, 264 HGB einen Jahresabschluss zu erstellen, der aus der Bilanz, der Gewinn- und Verlustrechnung und dem Anhang besteht. Daneben hat er regelmäßig auch einen Lagebericht zu erstellen. Diese Unterlagen sind durch einen Abschlussprüfer zu prüfen.[267] Für kleine bzw. mittelgroße Gesellschaften regelt das HGB allerdings zahlreiche (formale und inhaltliche) Erleichterun-

---

[265] Lührsen (2005): GmbH oder Limited, S. 96.
[266] Nach § 238 Abs. 1 HGB ist die GmbH verpflichtet Bücher zu führen. § 240 HGB verlangt, dass die GmbH zu Beginn des Handelsgewerbes und am Schluss eines jeden Geschäftsjahres eine Bestandsaufnahme (= Inventur) durchzuführen hat.
[267] §§ 316 ff. HGB.

gen.[268] Um als kleine bzw. mittelgroße Kapitalgesellschaft qualifiziert zu werden, muss sie gemäß § 267 HGB mindestens zwei der
folgenden drei Kriterien erfüllen:

	Kleine GmbH	Mittelgroße GmbH
Jahresumsatz	≤ 6,875 Mio. €	≤ 27,5 Mio. €
Bilanzsumme	≤ 3,438 Mio. €	≤ 13,75 Mio. €
Durchschnittliche Mitarbeiter pro Jahr	≤ 50	≤ 250

7.1.2. Publizität

„Publizität im Unternehmensrecht bedeutet Offenlegung von Un-
ternehmensverhältnissen".[269] Für die GmbH bestehen verschiedene Publizitätspflichten, die den Gläubigern, Geschäftspartnern
und sonstigen Interessierten u.a. die Möglichkeit geben sollen,
sich umfassend über die Verhältnisse des Unternehmens zu informieren. Dabei wird die Informationsbeschaffung künftig dadurch erleichtert, dass ab dem nächsten Jahr wesentliche veröffentlichungspflichtige Daten eines Unternehmens elektronisch
unter der Internet-Adresse www.unternehmensregister.de abruf-
bar sind.[270]

So sind zunächst bei der Anmeldung der Gesellschaft zum Handelsregister insbesondere der Gesellschaftsvertrag, die Legitimation der Geschäftsführer und eine Gesellschafterliste einzureichen. Ferner hat die Anmeldung Art und Umfang der Vertre-

---

[268]   Siehe u.a. § 264 Abs. 1 S. 3, § 266 Abs. 1 S. 3, § 276,
§ 288, § 316 Abs. 1 S. 1 HGB.
[269]   Dierksmeier/Scharbert (2006): GmbH und englische Ltd. im Wettlauf der
Reformen, BB 2006, S. 1521.
[270]   Dierksmeier/Scharbert (2006): GmbH und englische Ltd. im Wettlauf der
Reformen, BB 2006, S. 1520 m.w.N.

tungsbefugnis der Geschäftsführer, eine Versicherung der Geschäftsführer über das Nichtvorliegen etwaiger Bestellungshindernisse i.S.v. § 6 Abs. 2 GmbHG sowie darüber, dass die Mindesteinzahlungen geleistet sind und zur freien Verfügung stehen, zu enthalten. Falsche oder unvollständige Angaben führen zur Gründungshaftung nach § 9a GmbHG. Ändern sich die in den Dokumenten enthaltenden Angaben, so sind auch diese Änderungen zur Eintragung in das Handelsregister anzumelden.[271] Sämtliche einzureichenden Unterlagen verbleiben beim zuständigen Registergericht und können nach § 9 Abs. 1 HGB von jedermann eingesehen werden.

Des Weiteren ist jede GmbH – unabhängig von ihrer Größe – nach § 325 HGB verpflichtet, ihren Jahresabschluss zusammen mit dem Lagebericht unverzüglich nach der Vorlage an die Gesellschafter, spätestens jedoch vor Ablauf von 12 Monaten nach dem Abschlussstichtag beim zuständigen Handelsregister offen zu legen. Diese Offenlegungspflicht des Geschäftsführers ist bei großen Gesellschaften erfüllt, wenn die (gesamten) Jahresabschlussunterlagen im Bundesanzeiger bekannt gemacht und anschließend beim zuständigen Handelsregister hinterlegt sind (vgl. § 325 Abs. 2 HGB). Bei kleinen und mittelgroßen Gesellschaften genügt hingegen die Hinterlegung beim Handelsregister und an-

---

[271] Die GmbH ist somit insbesondere verpflichtet, die Bestellung und Abberufung von Geschäftsführern (§ 39 GmbHG), Änderungen im Hinblick auf die Gesellschafterliste (§ 40 GmbHG), Kapitalerhöhungen und -herabsetzungen (§§ 54, 57, 58 GmbHG) sowie die Auflösung der Gesellschaft (§ 65 GmbHG) zur Eintragung in das Handelsregister anzumelden. Das Registergericht hat nach § 10 HGB alle Eintragungen in das Handelsregister durch den Bundesanzeiger und mindestens ein anderes Blatt bekanntzumachen. Diese Pflicht soll zukünftig aufgehoben und durch die Bekanntmachungspflicht wesentlicher Unternehmensdaten in einem elektronisch geführten Handelregister ersetzt werden., eingehend dazu Dauner-Lieb/Linke (2006): Digital gleich optional?!, erschienen in: DB 2006, S. 767 ff.

schließende Bekanntmachung des Hinterlegungsnachweises im Bundesanzeiger.[272] Im Hinblick auf den Umfang der einzureichenden Unterlagen gibt es wiederum größenspezifische Erleichterungen (§§ 326 f. HGB). So müssen kleine Gesellschaften nur die Bilanz und den Anhang in gekürzter Form einreichen. Eine mittelgroße GmbH hat lediglich eine vereinfachte Bilanz, den gekürzten Anhang, die Gewinn- und Verlustrechnung sowie den Lagebericht vorzulegen. Bei Nichtbeachtung dieser Publizitätspflichten kann nach § 335a Nr. 1 HGB gegen den Geschäftsführer ein Ordnungsgeld verhängt werden.

Schließlich hat eine GmbH nach § 35a Abs. 1 und Abs. 3 GmbHG auf allen Geschäftsbriefen und Bestellscheinen die Rechtsform und Sitz der Gesellschaft, das Registergericht des Sitzes der Gesellschaft und die Registernummer sowie alle Geschäftsführer und ggf. den Vorsitzenden des Aufsichtsrats mit Familiennamen und mindestens einem ausgeschriebenen Vornamen anzugeben. Unvollständige bzw. unrichtige Angaben werden gemäß § 79 Abs. 1 GmbHG mit der Festsetzung eines Zwangsgeldes gegen den Geschäftsführer sanktioniert. Zudem kommt eine persönliche Haftung des Geschäftsführers nach § 823 Abs. 2 i.V.m. § 35a GmbHG in Betracht.[273]

7.2. Englische Limited

Rechnungslegung und Publizität einer englischen Limited mit Verwaltungssitz in Deutschland haben auf Grund ihrer Zuordnung zum Gesellschaftsstatut grundsätzlich nach englischem Recht zu

---

[272] Tillmann/Winter (2004): Die GmbH im Gesellschafts- und Steuerrecht, S. 108 Rn. 312.

[273] Eingehend dazu Gernoth (2005): Pseudo Foreign Companies – Who Art Thou?, S. 236 f.

erfolgen.[274] Daneben hat die Gesellschaft aber auch in Deutschland bestimmte Publizitätsvorschriften zu erfüllen.

7.2.1. Rechnungslegung

Die englische Limited unterliegt gemäß sec. 221 CA 1985 zunächst einer laufenden Buchführungspflicht, die die Aufzeichnung der täglichen Einnahmen und Ausgaben sowie die Aufstellung eines Vermögensverzeichnisses umfasst.[275] Diese Unterlagen sind nach sec. 222 (4) CA 1985 3 Jahre lang am Ort des „register office" oder an einem von den Geschäftsführern bestimmten Ort aufzubewahren. Damit kann sich der Aufbewahrungsort auch in Deutschland befinden, allerdings besteht dann die Pflicht, regelmäßig Kopien dieser Unterlagen nach England zu versenden. Kommt man dieser Verpflichtung nicht nach, kann das strafrechtliche Konsequenzen nach sich ziehen.[276]

Ferner ist die Gesellschaft verpflichtet, zum Ende eines Geschäftsjahres einen Jahresabschluss (annual accounts) zu erstellen, der sich regelmäßig aus einer Bilanz (balance sheet), einer Gewinn- und Verlustrechnung (profit and loss account), einen Anhang (notes), einem Geschäftsbericht der Geschäftsführer (directors'

---

[274] H.M.; Just (2005): Die englische Limited in der Praxis, S. 60 Rn. 245 ff; Müller (2006b): Die Limited in Deutschland: Ein Überblick über das anzuwendende englische Gesellschaftsrecht, erschienen in: DB 2006, S. 825 f.; Eine Mindermeinung nimmt hingegen an, dass die Rechnungslegungsvorschriften öffentlich-rechtlicher Natur sind, und kommt damit zu dem Ergebnis, dass (durch das Abstellen auf den Ort der kaufmännischen Zweigniederlassung) das deutsche Recht maßgeblich ist., vgl. Müller (2006b): Die Limited in Deutschland: Ein Überblick über das anzuwendende englische Gesellschaftsrecht, erschienen in: DB 2006, S. 825 m.w.N.

[275] Hierzu und im Folgenden Just (2005): Die englische Limited in der Praxis, S. 61 Rn. 248.

[276] Rehm (2005b): Die Private Company by Shares (Ltd.) nach englischem Recht, § 10 Rn. 80.

105

report) und einem Prüfbericht der Wirtschaftsprüfer (auditors' report) besteht.[277] Das Geschäftsjahr umfasst grundsätzlich 12 Monate und endet gemäß sec. 224 (3) (b) CA 1985 am letzten Tag des Gründungsmonats.[278] Es besteht jedoch die Möglichkeit, durch Antrag beim Companies House einen abweichenden Berichtszeitraum festzulegen, wobei dieser nicht kürzer als sechs Monate und nicht länger als 18 Monate sein darf.[279] Die rechtlichen Vorgaben zur Bilanzierung befinden sich im Companies Act, in den Grundsätzen der Finanzberichterstattung FRS (Financial Reporting Standards), in den Grundsätzen der allgemeinen Rechnungslegung SSAP (Statement of Standard Accounting Practise, in den UITFA (Urgent Issue Task Force Abstracts) sowie für bestimmte Berufsgruppen in den SORP (Statements of Recommended Practice).[280] Dabei ist in Anbetracht der Tatsache, dass die meisten der zur Zeit in Deutschland tätigen private Limiteds wohl kleine oder höchstens mittelgroße Gesellschaften sein werden, darauf hinzuweisen, dass für diese nach sec. 246 CA 1985 bestimmte Erleichterungen bei der Erstellung der Bilanz und der Gewinn- und Verlustrechnung bestehen.[281] Um als kleine bzw. mittelgroße private company qualifiziert zu werden, muss die Gesellschaft mindestens zwei der folgenden drei Kriterien erfüllen:[282]

---

[277] Heinz (2004a): Die englische Limited, § 12 Rn. 2 f.
[278] Just (2005): Die englische Limited in der Praxis, S. 61 Rn. 252. Wird eine Gesellschaft also 14.06.2006 gegründet, so beginnt der Berichtszeitraum an diesem Tag und endet am 30.07.2007.
[279] Luke (2005): Die U.K. Limited, S. 48.
[280] Heckschen/Köklü/Maul (2005): Private Limited Company, S. 145 Rn. 505 f. Seit 2005 besteht auch die Möglichkeit, den Jahresabschluss nicht nach den o.g. Vorschriften sondern nach den IFRS-Normen aufzustellen, vgl. ibd., Rn. 508 ff.
[281] Luke (2005): Die U.K. Limited S. 49.
[282] Heckschen/Köklü/Maul (2005): Private Limited Company, S. 150 Rn. 524.

	Kleine private company	Mittelgroße private company
Jahresumsatz	≤ 2,8 Mio. GBP	≤ 11,2 Mio. GBP
Bilanzsumme	≤ 1,8 Mio. GBP	≤ 5,6 Mio. GBP
Durchschnittliche Mitarbeiter pro Jahr	≤ 50	≤ 250

7.2.2. Publizität

Als Ausgleich für die Freistellung der Gesellschafter von der persönlichen Haftung unterliegt die englische Limited sehr strengen
Publizitätspflichten.[283] Diese sind – wie bereits dargelegt – auch
von den Gesellschaften zu beachten, die ihren Verwaltungssitz
nicht in England haben und dienen in erster Linie dem Selbstschutz der Gläubiger, indem sie den Gläubigern die Möglichkeit
geben, sich durch aktuelle und aussagekräftige Gesellschaftsdaten über die wirtschaftliche Lage (Vermögens-, Finanz- und Ertragslage) des Unternehmens zu informieren und gegebenenfalls
zusätzliche Sicherheiten zu verlangen oder gar von einer Geschäftsbeziehung Abstand zu nehmen.[284]

Damit ist jede englische Limited zunächst einmal verpflichtet, eine Art Gesellschaftsakte (sog. statuory books), die alle relevanten Informationen über die Verhältnisse der Gesellschaft enthält,

---

[283] Schall (2005): Englischer Gläubigerschutz bei der Limited in Deutschland,
erschienen in: ZIP 2005, S. 965.

107

zu führen und laufend zu aktualisieren.[285] Diese Unterlagen sind am Satzungssitz (register office) aufzubewahren und können zum Teil von der Öffentlichkeit eingesehen werden.[286] Allerdings wird die hier gebotene Möglichkeit für die Gläubiger in Deutschland in Anbetracht der Entfernung kaum von Bedeutung sein, zumal auch stark daran zu zweifeln ist, dass sich wirklich jede in Deutschland ansässige englische Limited an diese Pflicht hält.

Überdies hat der Geschäftsführer nach den ss. 242, 244 CA 1985 die Pflicht, den (gesamten) Jahresabschluss der Gesellschaft innerhalb von 10 Monaten nach Ende des Geschäftsjahres beim Companies House einzureichen, wo er dann für jedermann zugänglich ist.[287] Für kleine und mittelgroße Gesellschaften bestehen allerdings auch hier bestimmte Erleichterungen. So brauchen kleine Unternehmen von den erstellten Jahresabschlussunterlagen letztlich zwingend nur eine abgekürzte Bilanz sowie ei-

---

[284] Fleischer (2000): Gläubigerschutz in der kleinen Kapitalgesellschaft: Deutsche GmbH versus englische private limited company, erschienen in: DStR 2000, S. 1019.

[285] Müller (2006b): Die Limited in Deutschland: Ein Überblick über das anzuwendende englische Gesellschaftsrecht, erschienen in: DB 2006, S. 825. Die Gesellschaft muss über folgende Dokumente verfügen: Register über sämtliche Gesellschafter, Register über sämtliche Geschäftsführer, Register über sämtliche Gesellschaftssekretäre, Register über sämtliche Beteiligungen der Geschäftsführer an Anteilen oder Schuldverschreibungen der Gesellschaft, Register über sämtliche Sicherheiten, sämtliche Niederschriften von Geschäftsführersitzungen und Gesellschafterversammlungen, die Buchhaltungsunterlagen (in Kopie) sowie Kopien der Anstellungsverträge der Geschäftsführer., vgl. Ibd. S. 825.

[286] Gernoth (2005): Pseudo Foreign Companies – Who Art Thou?, S. 113. Die Öffentlichkeit kann in das Verzeichnis über die Gesellschafter, das Verzeichnis über die Geschäftsführer und das Verzeichnis über die Sicherheiten Einsicht nehmen, vgl. Müller (2006b): Die Limited in Deutschland: Ein Überblick über das anzuwendende englische Gesellschaftsrecht, erschienen in: DB 2006, S. 825.

[287] Just (2005): Die englische Limited in der Praxis, S. 64 Rn. 264.; Diese Frist soll jedoch im Rahmen der Gesellschaftsreform auf sieben Monate verkürzt werden, vgl. Heckschen/Köklü/Maul (2005): Private Limited Company, S. 214 Rn. 917.

nen Anhang mit eingeschränkten Angaben vorlegen.[288] Mittelgroße Gesellschaften müssen lediglich eine Gewinn- und Verlustrechnung in Kurzform, eine (vollständige) Bilanz, einen entspre-
chenden Anhang, einen Jahresbericht des Geschäftsführers und
einen besonderen Prüfbericht der Wirtschaftsprüfer einreichen.[289]
Wurde der Jahresabschluss nicht in der englischen Sprache er-
stellt, so bedarf es zur Vorlage beim Gesellschaftsregister zusätz-
lich einer beglaubigten Übersetzung.[290]

Ferner hat der Geschäftsführer oder der Gesellschaftssekretär
dem Companies House einen Jahresbericht (annual return) zu
erstellen, der über etwaige Veränderungen der Gesellschafts-
verhältnisse des letzten Geschäftsjahres (im Wesentlichen Firma
und Adresse der Gesellschaft, Namen und Adressen der Geschäftsführer, des Gesellschaftssekretärs und der Gesellschaft
sowie die Zahl und Art der Anteile) informiert
(ss. 363 ff. CA 1985).[291] Dieser Bericht ist innerhalb von 28 Tagen
nach dem jeweiligen Jahrestag der Gründung beim Companies
House abzugeben[292] und kann von jeder Person eingesehen bzw.
gegen Gebühr auch angefordert werden[293].

Daneben ist das Gesellschaftsregister laufend über weitere wesentliche Umstände, insbesondere über einen Auflösungsbe-
schluss bzw. eine Auflösungsanordnung, über Änderungen der

---

[288] Heckschen/Köklü/Maul (2005): Private Limited Company, S. 157 Rn. 535.
Um von den gesetzlichen Erleichterungen profitieren zu können, darf die
Gesellschaft zudem nicht zu einem Konzern gehören oder ein Finanz-
dienstleister sein, vgl. Heinz (2004a): Die englische Limited, § 12 Rn. 13.
[289] Kasolowski (2005): Die Private Limited Company – England und Wales,
§ 4 Rn. 139.
[290] Gernoth (2005): Pseudo Foreign Companies – Who Art Thou?, S. 112.
[291] Müller (2006b): Die Limited in Deutschland: Ein Überblick über das anzuwendende englische Gesellschaftsrecht, erschienen in: DB 2006, S. 825.
[292] Heckschen/Köklü/Maul (2005): Private Limited Company, S. 81 Rn. 282.
[293] Happ/Holler (2004): „Limited" statt GmbH, erschienen in: DStR 2004, S.
736.

Gesellschaftssatzung oder des Sitzes der Gesellschaft sowie über Veränderungen im Hinblick auf die Geschäftsführung zu unterrichten, welches diese Informationen in der London Gazette bekannt macht.[294] Auch sind alle einstimmigen, speziellen und außerordentlichen und einige wichtige einfache Gesellschafterbeschlüsse meldepflichtig.[295]

Die Einhaltung der Publizitätspflichten wird vom Companies House streng kontrolliert.[296] Kommt die Gesellschaft ihren Berichts- und Mitteilungspflichten nicht oder nicht rechtzeitig nach, kann dieser Verstoß zu empfindlichen Strafen sowohl gegenüber der Gesellschaft als auch gegenüber den dafür zuständigen Personen (Geschäftsführer und/ oder Gesellschaftssekretär) führen.[297] Im schlimmsten Fall kann die Gesellschaft sogar ohne Abwicklung oder Insolvenzverfahren aus dem Register beim Companies House gelöscht werden, was zu einem Verlust der Rechtsfähigkeit führt.[298] Diese Sanktionen treffen auch Briefkastengesellschaften, wobei hier darauf hinzuweisen ist, dass verhängte Geld- und Haftstrafen im Ausland oft nicht vollstreckbar sind.[299] Erschwerend kommt hinzu, dass das Companies House nach Angaben des Justizministeriums bei „deutschen" Limiteds nicht so streng auf die

---

[294] Rehm (2005b): Die Private Company by Shares (Ltd.) nach englischem Recht, § 10 Rn. 84.
[295] Heckschen/Köklü/Maul (2005): Private Limited Company, S. 115 f. Rn. 369, Diese Beschlüsse sind der Registerbehörde innerhalb von 15 Tagen nach ihrer Fassung mitzuteilen., vgl. Ibd. S. 115 Rn. Rn. 369.
[296] Gernoth (2005): Pseudo Foreign Companies – Who Art Thou?, S. 404.
[297] Heckschen/Köklü/Maul (2005): Private Limited Company, S. 81 Rn. 282; Gernoth (2005): Pseudo Foreign Companies – Who Art Thou?, S. 111.
[298] Mellert/Verfürth (2005): Wettbewerb der Gesellschaftsformen, S. 259 Rn. 26. Denjenigen, die mit einer englischen Limited Geschäfte tätigen wollen, ist daher unbedingt anzuraten, die Eintragungen im englischen Handelsregister regelmäßig zu prüfen., vgl. Ibd. S. 259 Rn. 26.
[299] Gernoth (2005): Pseudo Foreign Companies – Who Art Thou?, S. 115, 404.

Bilanzvorlage achte.[300] Teilweise verzichte die Behörde bei Verzug sogar gänzlich auf Sanktionen.

Die englische Limited mit Verwaltungssitz in Deutschland unterliegt jedoch nicht nur in England, sondern auch in Deutschland bestimmten Publizitätspflichten. So ist sie – wie bereits in Kapitel 3.2.4.2. dargelegt – zunächst zum Schutz der Gläubiger verpflichtet, ihre Hauptniederlassung in Deutschland als Zweigniederlassung beim zuständigen Handelsregister anzumelden. Dieser Pflicht kommen jedoch nur die wenigsten Auslandsgesellschaften nach. *Wachter* schätzt, dass gerade mal 5.000 Zweigniederlassungen englischer Limiteds eingetragen worden sind und sieht den Grund dafür in den zu geringen Sanktionsmöglichkeiten, denn selbst wenn das Registergericht die fehlende Eintragung beanstandet, kann diese – ohne dass damit irgendein Nachteil verbunden wäre – problemlos nachgeholt werden.[301]

Darüber hinaus müssen sie auf all ihren Geschäftsbriefen und Bestellscheinen die in § 35a Abs. 4 i.V.m. Abs. 1 GmbHG aufgeführten Mindestangaben (Rechtsform und Sitz der Gesellschaft, das Registergericht des Sitzes der Gesellschaft und die Registernummer, alle Geschäftsführer mit Familiennamen und mindestens einem Vornamen, Register und Registernummer der Zweigniederlassung) angeben.[302] Diese Angabepflichten treffen auch die Gesellschaften, die ihre Zweigniederlassung nicht beim Handels-

---

[300] Hierzu und im Folgenden Jennen (2005): Berlin kritisiert mangelnde Aufsicht deutscher Limiteds, FTD vom 18.05.2005.

[301] Wachter (2005b): Persönliche Haftungsrisiken bei englischen private limited companies mit inländischem Verwaltungssitz, erschienen in: DStR 2005, S. 1820.

[302] Wachter (2005b): Persönliche Haftungsrisiken bei englischen private limited companies mit inländischem Verwaltungssitz, erschienen in: DStR 2005, S. 1821.

register angemeldet haben[303], wobei deren Angaben in Anbetracht des fehlenden Registers und Registernummer der Zweigniederlassung zwangsläufig unvollständig sein werden[304]. Bei un-
vollständigen bzw. unrichtigen Angaben wird – wie auch bei der
GmbH – gemäß § 79 Abs. 1 GmbHG ein Zwangsgeld gegen den
Geschäftsführer verhängt. Überdies setzt er sich ggf. Schadensersatzansprüchen aus (§ 823 Abs. 2 i.V.m. § 35a GmbHG).[305]

Schließlich ist die englische Limited mit Verwaltungssitz in
Deutschland, da sie in Deutschland eine Zweigniederlassung begründet, gemäß § 325 a Abs. 1 HGB i.V.m. Art. 3 der Publizitäts-
richtlinie verpflichtet, ihren nach englischem Recht aufgestellten
Jahresabschluss beim Handelsregister der deutschen Zweigniederlassung einzureichen.[306] Dieser braucht nach
§ 325 a Abs. 1 S. 4 HGB jedoch nicht in die deutsche Sprache
übersetzt werden. Hinsichtlich des Zeitpunktes der Offenlegung ist
§ 325 Abs. 1 HGB maßgeblich.[307] Danach ist der Jahresabschluss
– wie bei der GmbH – unverzüglich nach der Vorlage an die Gesellschafter spätestens vor Ablauf von 12 Monaten nach dem
Abschlussstichtag zu hinterlegen und entsprechend bekannt zu
machen. Kommen die Geschäftsführer ihrer Offenlegungspflicht
nicht oder nicht rechtzeitig nach, ist gegen sie nach
§ 335a Nr. 2 HGB ein Ordnungsgeld festzusetzen.

---

[303] Heckschen/Köklü/Maul (2005): Private Limited Company, S. 120 Rn. 381
m.w.N.

[304] Wachter (2005b): Persönliche Haftungsrisiken bei englischen private limited companies mit inländischem Verwaltungssitz, erschienen in:
DStR 2005, S. 1821.

[305] Eingehend dazu Gernoth (2005): Pseudo Foreign Companies – Who Art
Thou?, S. 236 f.

[306] Mellert/Verfürth (2005): Wettbewerb der Gesellschaftsformen, S. 262 f.
Rn. 33.

[307] Heckschen/Köklü/Maul (2005): Private Limited Company, S. 165 Rn. 564.

7.2.3. Staatsaufsicht

Neben der Publizität kennt das englische Kapitalgesellschafts-recht noch ein weiteres den Rechtsverkehr schützendes Element: die strenge Staatsaufsicht.

Nach sec. 423 (2) CA 1985 kann das Wirtschaftministerium (Secretary of State) von Amts wegen eine Sonderprüfung anordnen, wenn Anhaltspunkte dafür vorliegen, dass die Gesellschaft in grob missbräuchlicher, gesetzeswidriger oder gar betrügerischer Weise ihre Gläubiger benachteiligt.[308] Hierbei stehen den Prüfern weitreichende Kontrollbefugnisse (z.B. Einsicht und Erläuterung aller Geschäftsunterlagen, Auskunftspflicht der Mitarbeiter, deren Aussage u.U. beeidet wird) zu.[309] Bestätigt sich dieser Verdacht im Rahmen der Prüfung kommen als Sanktionen die Disqualifizierung ungeeigneter Geschäftsführer und – falls sich die Kapitalausstattung der Gesellschaft als gänzlich unzureichend erweist – die gerichtliche Auflösung der Gesellschaft in Betracht.[310] Derartige Sonderprüfungen stellen somit ein wirksames Mittel gegen Gläubigerbenachteiligung dar, obwohl sie in der englischen Praxis nur selten (und zudem nur bei größeren Gesellschaften[311]) durchgeführt werden.[312] Damit ist dieses Schutzinstrument in Anbetracht der Tatsache, dass es sich bei den in Deutschland ansässigen englischen Limiteds meistens um kleine Gesellschaften handelt, von geringer Relevanz; zumal die englischen Behörden

---

[308]   Just (2005): Die englische Limited in der Praxis, S. 65 Rn. 268.

[309]   Tiedemann (2006): Rechtsformwahl unter dem Aspekt der Niederlassungsfreiheit, S. 282.

[310]   Fleischer, Gläubigerschutz in der kleinen Kapitalgesellschaft: Deutsche GmbH versus englische private limited company, DStR 2000, S. 1019.

[311]   Gernoth (2005): Pseudo Foreign Companies – Who Art Thou?, S. 202.

[312]   Tiedemann (2006): Rechtsformwahl unter dem Aspekt der Niederlassungsfreiheit, S. 283.

überdies wohl kaum ein Interesse an der Durchführung einer Sonderprüfung bei Briefkastengesellschaften haben dürften.[313]

7.3. Zwischenresümee

GmbH und englischer Limited ist zunächst gemein, dass beide nach ihrem Gründungsrecht zur laufenden Buchführung und zur Erstellung von Jahresabschlüssen verpflichtet sind, wobei aber in Deutschland und England unterschiedliche Rechnungslegungsstandards existieren, die die Vergleichbarkeit der Bilanzen stark einschränken.[314]

Überdies trifft beide Kapitalgesellschaften die Pflicht zur Offenlegung ihrer Jahresabschlüsse. Die Vorschriften hierüber basieren sowohl in Deutschland als auch in England auf der europäischen Bilanzrichtlinie und sind insoweit vergleichbar.[315]

Bei vergleichender Betrachtung der übrigen Publizitätsvorschriften wird hingegen deutlich, dass das englische Recht wesentlich strengere Vorgaben enthält. So treffen die englische Limited neben der Pflicht zur Einreichung des sog. „annual return", der allgemeine Informationen über die Gesellschaft enthält, zahlreiche laufende Berichts- und Mitteilungspflichten. Überdies ist festzustellen, dass das englische Recht eine Vielzahl von Sanktionen (hohe Bußgelder, Haftstrafen oder Amtslöschungen) bereithält, die letztlich dazu führen, dass mehr als 90 % aller englischen Gesellschaften ihre publizitätspflichtigen Unterlagen rechtzeitig einreichen.[316] Im Unterschied dazu reichen in Deutschland gerade mal

---

[313] Ebenso Gernoth (2005): Pseudo Foreign Companies – Who Art Thou?, S. 202.

[314] Gernoth (2005): Pseudo Foreign Companies – Who Art Thou?, S. 404 f.

[315] Heinz (2004b): Englische Limited und Deutsche GmbH – eine vergleichende Darstellung, erschienen in: AnwBl 2004, S. 614.

[316] Gernoth (2005): Pseudo Foreign Companies – Who Art Thou?, S. 114, 116 f.

5 bis 20 % der publizitätspflichtigen GmbHs ihren Jahresabschluss ein.[317] Das liegt wohl vor allem daran, dass man diesbezüglichen Pflichtverletzungen lediglich mit Zwangsgeldandrohungen begegnet und die Einhaltung der Offenlegungspflichten durch die jeweiligen Handelsregister nicht hinreichend kontrolliert wird. Allerdings ist zu berücksichtigen, dass einerseits das Companies House bei Briefkastengesellschaften derzeit nicht so streng auf die Einhaltung der Rechnungslegungspublizität achtet und anderseits die von dieser Behörde verhängten Strafen in Deutschland oftmals nicht vollstreckt werden können.

Die in Deutschland ansässige englische Limited unterliegt zudem auch in Deutschland bestimmten Publizitätsvorschriften. Sie hat insbesondere ihre Zweigniederlassung beim zuständigen Handelsregister anzumelden und ihren (nach englischem Recht aufgestellten) Jahresabschluss einzureichen. Diesen Pflichten kommen bislang jedoch nur die wenigsten Auslandsgesellschaften nach, was wiederum auf die geringen Sanktionsmöglichkeiten zurückzuführen ist. Ferner kann man als Außenstehender in England schnell und einfach an allgemeine Informationen über die entsprechende Gesellschaft gelangen, da man via Internet Einsicht in die beim Companies House geführte Registerkarte einer Gesellschaft nehmen kann, welche u.a. Auskunft über die Adresse des registered office, die Gesellschaftsform, den Geschäftszweig, den Zeitpunkt der Gründung sowie die Erstellungs- und Abgabetermine des letzten und des nächsten Jahrsabschlusses gibt.[318] Darüber hinaus können die offengelegten Jahresabschlüsse und -berichte relativ unproblematisch per Post oder

---

[317] Wachter (2005b): Persönliche Haftungsrisiken bei englischen private limited companies mit inländischem Verwaltungssitz, erschienen in: DStR 2005, S. 1820.

[318] Gernoth (2005): Pseudo Foreign Companies – Who Art Thou?, S. 114.

auch auf elektronischem Wege gegen Gebühr bezogen werden. In Deutschland hingegen ist die Informationsbeschaffung
viel komplizierter, da es erstens kein zentrales, sondern mehr als
100 Handelsregister gibt, man zweitens sehr lange auf die ange-
forderten Unterlagen warten muss und drittens keine Möglichkeit
besteht, unternehmensbezogene Daten auf elektronischem Wege abzurufen.[319] Letzteres wird sich aber schon im nächsten Jahr
ändern. Mit der geplanten Einführung eines elektronischen Handelsregisters ist es dann auch in Deutschland möglich, wesentliche publizitätspflichtige Unternehmensdaten online zu beziehen.

---

[319] Tiedemann (2006): Rechtsformwahl unter dem Aspekt der Niederlassungsfreiheit, S. 316 ff.

8. Fazit und Ausblick

Seit der Rechtsprechung des EuGH zur Niederlassungsfreiheit ist in Deutschland ein vermehrtes Auftreten der englischen Limited als Alternative zur deutschen GmbH zu beobachten, welche grundsätzlich ihrem Gründungsrecht und teilweise auch dem deutschen Recht unterliegen. Daher stellt sich die Frage, inwieweit das englische und/ oder das deutsche Rechtssystem in der Lage sind, die (deutschen) Gesellschaftsgläubiger einer englischen Limited zu schützen und ob das Schutzniveau ggf. mit dem der GmbH vergleichbar ist.

Eine vergleichende Betrachtung des englischen und des deutschen Rechtssystems zeigt zunächst auf, dass beide über ein adäquates Gläubigerschutzkonzept verfügen. Allerdings sind diese sehr unterschiedlich ausgestaltet. Das deutsche GmbH-Recht begegnet Missbrauch und Gläubigerschädigung in erster Linie mit einem strengen Kapitalaufbringungs- und -erhaltungsrecht und einer stark ausgeprägten Haftung der Geschäftsführer und Gesellschafter; Publizität hingegen spielt eher eine untergeordnete Rolle. Demgegenüber setzt das englische Kapitalgesellschaftsrecht vorrangig auf den Selbstschutz der Marktteilnehmer durch eine umfassende, strikt durchgesetzte Publizität sowie eine strenge Geschäftsführerhaftung und ein weitreichendes öffentlich-rechtliches Aufsichtssystem; Kapitalaufbringung und -erhaltung sind dagegen von geringer Bedeutung.

Der englische Gläubigerschutz verliert aber erheblich an Wirkung, wenn die englische Limited ausschließlich in Deutschland tätig wird. So findet die Haftung des Geschäftsführers wegen fraudulent und wrongful trading auf Grund ihrer insolvenzrechtlichen Qualifikation keine Anwendung und vom Companies House verhängte Geld- und Haftstrafen (wegen Verstoßes gegen die Publizitätspflichten) können in Deutschland oft nicht vollstreckt werden. Auch laufen die englische Staatsaufsicht und die Disqualifizierung ungeeigneter Geschäftsführer wegen des fehlenden öffentlichen Interesses ins Leere, da diese Vorschriften vorrangig auf den Schutz des englischen Rechtsverkehrs ausgerichtet sind.

Dementsprechend stellt sich die Frage, inwieweit das deutsche Recht diese Schutzlücken schließen und damit einen hinreichenden Schutz des (deutschen) Rechtsverkehrs gewährleisten kann. In diesem Zusammenhang ist zunächst festzustellen, dass die deutschen Vorschriften über die Kapitalaufbringung und -erhaltung auf Grund ihrer gesellschaftsrechtlichen Qualifikation nicht auf die englische Limited erstreckt werden können. Gleiches gilt für den Haftungsdurchgriff auf die Gesellschafter. Anwendbar sind demgegenüber die Haftungsvorschriften des allgemeinen Verkehrsrechts, da diese nicht in den Schutzbereich der Niederlassungsfreiheit fallen, und die Haftung der Geschäftsführer wegen Insolvenzverschleppung, weil diese insolvenzrechtlich zu qualifizieren ist. Überdies unterliegt die englische Limited in Deutschland einer Reihe von gläubigerschützenden Publizitätspflichten. So hat sie auf allen Geschäftsbriefen und Bestellscheinen die in § 35a Abs. 4 i.V.m. Abs. 1 GmbHG aufgeführten Mindestangaben zu machen, ihre Zweigniederlassung beim zuständigen Handelsregister anzumelden und ihren nach englischem Recht aufgestellten Jahresabschluss – genau wie die GmbH – offenzulegen. Letztere beiden Schutzmechanismen entfalten jedoch bislang nur eine geringe gläubigerschützende Wirkung, da sich einerseits die wenigsten Gesellschaften an die Register- und Rechnungslegungspublizität halten und sich andererseits die Rechnungslegungsstandards in Deutschland und England derart unterscheiden, dass die Bilanzen von ausländischen und inländischen Gesellschaften nicht miteinander verglichen werden können. Im Ergebnis kann aber festgehalten werden, dass das deutsche Recht in der Lage ist, ein Mindestmaß an Gläubigerschutz bei englischen Limiteds in Deutschland zu bewirken.

Der Schutz des Rechtsverkehrs bei Auslandsgesellschaften muss und soll künftig aber noch verbessert werden. So sieht zunächst der Referentenentwurf des Bundesjustizministeriums vom 29.05.2006 einige wertvolle Verbesserungen vor. Es ist nämlich geplant, das Eigenkapitalersatzrecht weitgehend zu vereinfachen und den Anwendungsbereich rechtsformneutral festzulegen. Dabei sollen die Rechtsprechungsregeln zu § 30 GmbHG aufgehoben und das Eigenkapitalersatzrecht im Wesentlichen in die Insolvenzordnung überführt werden. Insbesondere soll künftig nicht zwischen „eigenkapitalersetzenden" und „normalen" Darlehen unterschieden, sondern alle Gesellschafterdarlehen bei Eintritt der Insolvenz mit Nachrang versehen werden. Auch sollen die Inhalte der bisherigen §§ 32a Abs. 2 und 3 sowie 32b GmbHG beibehalten werden. Damit einhergehend soll – zum Schutz der Gläubiger vor einer „Ausleerung" der Gesellschaft durch Auszahlungen an die Gesellschafter – das Anfechtungsrecht der Gläubiger ausgedehnt werden, da bei Masselosigkeit die Insolvenzanfechtung von vornherein ausscheidet.

Darüber hinaus soll der Rechtsverkehr künftig besser vor unzuverlässigen bzw. ungeeigneten Personen geschützt werden. In diesem Zusammenhang sind zwei Maßnahmen geplant. Erstens sollen die Geschäftsführer künftig in der Anmeldung der inländischen Zweigniederlassung die Versicherung abgeben, dass keine Bestellungshindernisse bestehen; gleiches soll auch für spätere Anmeldungen neuer gesetzlicher Vertreter gelten. Damit wird ein sehr unbefriedigender Rechtszustand beseitigt bzw. korrigiert,

denn bislang kann (wegen der fehlenden Kenntnis des zuständigen Handelsregisters) im Allgemeinen nicht verhindert werden,
dass jemand, der in Deutschland als Geschäftsführer einem Bestellungsverbot unterliegt, dieses Verbot über die Errichtung einer
Auslandsgesellschaft – namentlich der englischen Limited – mit
einer deutschen Zweigniederlassung unterläuft. Teilweise wird bislang sogar die Ansicht vertreten, die Bestellungsverbote des
§ 6 Abs. 2 GmbHG fänden bei Auslandsgesellschaften keine Anwendung. Zweitens ist im Interesse der Lauterkeit des Rechtsverkehrs geplant, die bisherigen Ausschlustatbestände des
§ 6 Abs. 2 GmbHG um die aktienrechtlichen Straftatbestände
der falschen Angaben gemäß § 399 AktG, der unrichtigen Darstellung gemäß § 400 AktG und der vorsätzlichen Pflichtverletzung gemäß § 401 AktG sowie die Paralleltatbestände des
GmbHG (§§ 82 und 84 Abs. 1 GmbHG) zu erweitern.

Ferner wird angestrebt, den Gläubigerschutz durch eine Erweiterung der Insolvenzantragspflicht zu stärken. Da man nach bisher
geltendem Recht, die Insolvenzantragspflicht durch ein „Abtau-
chen" bzw. bei Führungslosigkeit der Gesellschaft umgehen
kann, sollen künftig die Gesellschafter selbst im Wege der Ersatz-
zuständigkeit in die Pflicht genommen werden, bei Zahlungsunfähigkeit oder Überschuldung einen Insolvenzantrag zu stellen.
Zudem ist geplant, den Haftungstatbestand des
§ 64 Abs. 2 GmbHG dahingehend auszuweiten, dass die Geschäftsführer auch für Zahlungen an die Gesellschafter einzustehen haben, die zur Zahlungsunfähigkeit der Gesellschaft führen.

Ein weiterer Schritt in die richtige Richtung wird mit dem Gesetz
über elektronische Handelsregister, und Genossenschaftsregister
sowie das Unternehmensregister (EHUG) gemacht, welches
nunmehr in der Fassung eines Regierungsentwurfes vorliegt. Danach soll es künftig, genauer gesagt ab dem 1. Januar 2007,

möglich sein, wesentliche veröffentlichungspflichtige Daten eines Unternehmens elektronisch unter der Internet-Adresse www.unternehmensregister.de abzurufen. Damit können sich Interessierte schnell und unkompliziert informieren, was erheblich zur Verbesserung des Selbstschutzes beiträgt.

Im Ergebnis kann der Gläubigerschutz bei der englischen Limited durch die geplanten Änderungen zwar erheblich verbessert werden, geht aber m.E. noch nicht weit genug. Gerade im Hinblick auf die Publizität, der bei der englischen Limited eine herausragende Bedeutung zukommt, sollte – insbesondere in Anbetracht der Tatsache, dass lediglich 20 % der Gesellschaften in Deutschland ihren Jahresabschluss beim Handelsregister einreichen – stärker darüber nachgedacht werden, wie man die Gesellschaften in Deutschland dazu anhalten kann, ihre Offenlegungspflichten einzuhalten. Hier bietet sich das englische Recht als Vorbild an, das mit weitreichenden Sanktionen dafür sorgt, dass mehr als 90 % der englischen Gesellschaften ihren Berichts- und Mitteilungspflichten nachkommen. Auch ist anzuraten, fehlenden Anmeldungen der Zweigniederlassungen mit schärferen Sanktionen zu begegnen. Wirkungsvoll wäre hier die persönliche Haftung der Geschäftsführer bis zur Registereintragung der Auslandsgesellschaft.[320]

Abschließend ist demjenigen, der in Deutschland mit einer englischen Limited Geschäfte tätigt, anzuraten, sich bereits im Vorfeld durch einen aktuellen Auszug aus dem deutschen und dem englischen Handelsregister und die beim deutschen und englischen Handelsregister hinterlegten Jahresabschlüsse umfassend über

---

[320] Borges (2004): Gläubigerschutz bei ausländischen Gesellschaften mit Sitz im Inland, erschienen in: ZIP 2004, S. 736. Eine solche Regelung ist europarechtlich unbedenklich., vgl. Leible/Hoffmann (2005): RIW Kommentar, erschienen in: RIW 2005, S. 546.

sein Gegenüber zu informieren und sich gegebenenfalls geeignete Sicherheiten einräumen lassen.

III. Literatur

Alpmann, Josef A. (2004): Gesellschaftsrecht, 12. Auflage, Münster 2004.

Borges, Georg (2004): Gläubigerschutz bei ausländischen Gesellschaften mit Sitz im Inland, erschienen in: Zeitschrift für Wirtschaftsrecht (ZIP), 25. Jg. 2004, Heft 16, S. 733 – 744.

Braun, Susanne (2006): Limited statt GmbH: Wann bricht die Gründungswelle? (Hrsg.: Merkel, Wilma/Gomille, Gunter), Lüneburg 2006.

Buchholz, Dietmar (2005): Die "Limited"/ Limited & Co. KG – eine Alternative zur deutschen GmbH/ GmbH & Co KG?, Neue Gesellschaftsformen in Deutschland, Hamburg 2005.

Dauner-Lieb, Barbara/Linke, Bernd (2006): Digital gleich optional?! – Der Regierungsentwurf des Gesetzes über elektronische Handelsregister und Genossenschaftsregister sowie das Unternehmensregister (EHUG), erschienen in: Der Betrieb, Wochenschrift für Betriebswirtschaft, Steuerrecht, Wirtschaftsrecht, Arbeitsrecht (DB), 23. Jg. 2006, Heft 14, S. 767 – 772.

Degenhardt, Klaus (2004): Die Limited in Deutschland, 3. Auflage, Bremen 2004.

Dierksmeier, Jochen/Scharbert, Markus (2006): GmbH und englische Ltd. im Wettlauf der Reformen 2006, erschienen in: Betriebs-Berater, Zeitschrift für Recht und Wirtschaft (BB), 61. Jg. 2006, Heft 28/29, S. 1517 – 1523.

Eidenmüller, Horst (2004a): Insolvenzrecht, erschienen in: Eidenmüller, Horst (Hrsg.) (2004): Ausländische Kapitalgesellschaften im deutschen Recht, München 2004, § 9 (S. 311 – 324).

Eidenmüller, Horst (2004b): Gesellschaftsrecht, erschienen in: Eidenmüller, Horst (Hrsg.) (2004): Ausländische Kapitalgesellschaften im deutschen Recht, München 2004, § 4 (S. 85 – 131).

Eidenmüller, Horst (2004c): Beschränkung der Niederlassungsfreiheit und ihre Rechtfertigung, erschienen in: Eidenmüller, Horst (Hrsg.) (2004): Ausländische Kapitalgesellschaften im deutschen Recht, München 2004, § 3 (S. 47 – 84).

Eidenmüller, Horst (2005): Geschäftsleiter- und Gesellschafterhaftung bei europäischen Auslandsgesellschaften mit tatsächlichem Inlandsitz, erschienen in: Neue juristische Woche (NJW), 58. Jg. 2005, Heft 23, S. 1618 – 1621.

Eisenhardt, Ulrich (2003): Gesellschaftsrecht, 12. Auflage, München 2005.

Eisenhardt, Ulrich (2005): Gesellschaftsrecht, 12. Auflage, München 2005.

Fleischer, Holger (2000): Gläubigerschutz in der kleinen Kapitalgesellschaft: Deutsche GmbH versus englische private limited company, erschienen in: Deutsches Steuerrecht, Wochenschrift für Steuerrecht, Wirtschaftsrecht und Betriebswirtschaft (DStR), 38. Jg. 2000, Heft 24, S. 1015 – 1021.

Forsthoff, Ulrich/ Schulz, Martin (2005): Gläubigerschutz bei EU-Auslandsgesellschaften, erschienen in: Hirte, Heribert/Bücker, Thomas (Hrsg.) (2005): Grenzüberschreitende Gesellschaften: Praxishandbuch für ausländische Kapitalgesellschaften mit Sitz im Inland, Köln u.a. 2005, § 15 (S. 432 – 467).

Gehrlein, Marcus (2005): GmbH-Recht in der Praxis, Schriften des Betriebs-Beraters, Band 138, Frankfurt am Main 2005.

Gernoth, Jan P. (2005): Pseudo Foreign Companies – Who Art Thou?, Englische Briefkastengesellschaften in Deutschland und ihre Behandlung nach englischem und deutschem Recht, Diss., Heidelberger Schriften zum Wirtschaftsrecht und Europarecht, Band 45 (Hrsg.: Hommelhoff, Peter; Müller-Graf, Peter-Christian), Baden-Baden 2005.

Goette, Wulf (2005): Wo steht der BGH nach „Centros" und „Inspire Art", erschienen in: Deutsches Steuerrecht, Wochenschrift für Steuerrecht, Wirtschaftsrecht und Betriebswirtschaft (DStR), 43. Jg. 2005, Heft 5, S. 197 – 201.

Gräfe, Gerald (2005): Director's fiduciary duties als Gläubiger-schutzinstrument bei britischen Limiteds mit Verwaltungssitz in Deutschland, erschienen in: Deutsche Zeitschrift für Wirtschafts- und Insolvenzrecht (DZWir), 15. Jg. 2005, Heft 10, S. 410 – 414.

Happ, Wilhelm/Holler, Lorenz (2004): „Limited" statt GmbH, er-schienen in: Deutsches Steuerrecht, Wochenschrift für Steuer-recht, Wirtschaftsrecht und Betriebswirtschaft (DStR), 42. Jg. 2004, Heft 17, S. 730 – 736.

Heckschen, Heribert/Köklü, Alper/Maul, Silja (2005): Private Limi-ted Company: Gründung, Führung, Besteuerung in Deutsch-land, Freiburg 2005.

Heinz, Volker G. (2004a): Die englische Limited: Eine Darstellung des Gesellschafts- und Steuerrechts mit Gesetzesauszügen und Mustern, 1. Auflage, Baden-Baden 2004.

Heinz, Volker G. (2004b): Englische Limited und Deutsche GmbH – eine vergleichende Darstellung, erschienen in: Anwaltsblatt (AnwBl), 54. Jg. 2004, Heft 11, S. 612 – 618.

Hirte, Heribert (2005): Die Limited mit Sitz in Deutschland – Abkehr von der Sitztheorie nach Centros, Überseering und Inspire Art, er-schienen in: Hirte, Heribert/Bücker, Thomas (Hrsg.) (2005): Grenz-überschreitende Gesellschaften: Praxishandbuch für ausländi-sche Kapitalgesellschaften mit Sitz im Inland, Köln u.a. 2005, § 1 (S. 2 – 49).

Jänig, Ronny (2006): Die Company Law Reform Bill: Zur Reform des Gesellschaftsrechts im Vereinigten Königreich, erschienen in: Recht der Internationalen Wirtschaft, Betriebs-Berater Internati-onal (RIW), 52. Jg. 2006, Heft 4, S. 270 – 277.

Jennen, Birgit (2005): Berlin kritisiert mangelnde Aufsicht deutscher

Limiteds, erschienen in: Financial Times Deutschland (FTD) vom 18.05.2005.

Jestädt, Guido A. (2005): Niederlassungsfreiheit und Gesellschafts-kollisionsrecht, Diss., Schriftenreihe: Deutsches, Europäisches und Vergleichendes Wirtschaftsrecht, Band 45 (Hrsg.: Ebke, Werner F.), 1. Auflage, Baden-Baden 2005

Jula, Rocco (2004): Der GmbH-Gesellschafter: GmbH-Gründung, Rechte und Pflichten, Haftungsrisiken, Ausscheiden und Abfin-dung, 2. Auflage, Berlin Heidelberg 2000, 2004.

Just, Clemens (2005a): Die englische Limited in der Praxis – Mit Formularteil, München 2005.

Just, Clemens (2006): Anmerkungen zum Urteil des LG Kiel vom 20.4.2006, erschienen in: Zeitschrift für Wirtschaftsrecht (ZIP), 27. Jg. 2006, Heft 27, S. 1251 – 1254.

Kallmeyer, Harald (2004): Vor- und Nachteile der englischen Limi-ted im Vergleich zur GmbH oder GmbH & Co. KG, erschienen in: Der Betrieb, Wochenschrift für Betriebswirtschaft, Steuerrecht, Wirtschaftsrecht, Arbeitsrecht (DB), 21. Jg. 2004, Heft 12, S. 636 – 639.

Kasolowski, Boris (2005): Die Private Company – England und Wales, erschienen in: Hirte, Heribert/Bücker, Thomas (Hrsg.) (2005): Grenzüberschreitende Gesellschaften: Praxishandbuch für ausländische Kapitalgesellschaften mit Sitz im Inland, Köln u.a. 2005, § 4 (S. 120 – 152).

Kiethe, Kurt (2005): Abwehrfunktion des nationalen Deliktsrechts im Internationalen Gesellschaftsrecht?, erschienen in: Recht der In-ternationalen Wirtschaft, Betriebs-Berater International (RIW), 51. Jg. 2005, Heft 9, S. 649 – 655.

Kindler, Peter (2006): Grundfragen der Geschäftsführerhaftung in der GmbH, erschienen in: Juristische Ausbildung (JURA), 28. Jg. 2006, Heft 5, S. 364 – 369.

XI

Klunzinger, Eugen (2004): Grundzüge des Gesellschaftsrechts, 13. Auflage, München 2004.

Leible, Stefan/Hoffmann, Jochen (2005): RIW Kommentar, erschienen in: Recht der Internationalen Wirtschaft, Betriebs-Berater International (RIW), 51. Jg. 2005, Heft 7, S. 544 – 547.

Lieder, Jan (2005): Die Haftung der Geschäftsführer und Gesellschafter von EU-Auslandsgesellschaften mit tatsächlichem Verwaltungssitz in Deutschland, erschienen in: Deutsche Zeitschrift für Wirtschafts- und Insolvenzrecht (DZWir), 15. Jg. 2005, Heft 10, S. 399 – 410.

Lührsen, Janet (2005): GmbH oder Limited: Eine praktische Entscheidungshilfe für Unternehmen, 1. Auflage, Bremen 2005

Luke, Joachim (2005): Die U.K. Limited: Rechtliche Grundlagen und praktische Hilfen, Stuttgart u.a. 2005.

Mellert, Christofer R. (2006): Ausländische Kapitalgesellschaften als Alternative zu AG und GmbH – eine Synopse, erschienen in: Betriebs-Berater (BB), Zeitschrift für Recht und Wirtschaft, 61. Jg. 2006, Heft 1, S. 8 – 11.

Mellert, Christofer Rudolf/Verfürth, Ludger (2005): Wettbewerb der Gesellschaftsformen: Ausländische Kapitalgesellschaften als Alternative zu AG und GmbH, Berlin 2005.

Micheler, Eva (2004): Gläubigerschutz im englischen Gesellschaftsrecht: Reformvorschläge mit Implikationen für Europa, erschienen in: Zeitschrift für Unternehmens- und Gesellschaftsrecht (ZGR), 33. Jg. 2004, Heft 3 – 4, S. 328 – 347.

Mock, Sebastian/Schildt, Carlotte (2005): Insolvenz ausländischer Kapitalgesellschaften mit Sitz in Deutschland, erschienen in: Hirte, Heribert/Bücker, Thomas (Hrsg.) (2005): Grenzüberschreitende Gesellschaften: Praxishandbuch für ausländische Kapitalgesellschaften mit Sitz im Inland, Köln u.a. 2005, § 16 (S. 468 – 494).

Müller, Klaus J. (2006a): Die englische Limited in Deutschland – für

XII

welche Unternehmen ist sie tatsächlich geeignet?, erschienen
in: Betriebs-Berater, Zeitschrift für Recht und Wirtschaft (BB), 61.
Jg. 2006, Heft 16, S. 837 – 851.

Müller, Klaus J. (2006b): Die Limited in Deutschland: Ein Überblick
über das anzuwendende englische Gesellschaftsrecht, erschienen in: Der Betrieb, Wochenschrift für Betriebswirtschaft, Steuerrecht, Wirtschaftsrecht, Arbeitsrecht (DB), 59. Jg. 2006, Heft 15,
S. 824 – 829.

Münch. Hdb. GesR III (2003): Münchener Handbuch des Gesellschaftsrechts, Band 3, Gesellschaft mit beschränkter Haftung
(Hrsg.: Priester, Hans-Joachim/Mayer, Dieter), 2. Auflage, München 2003 (zitiert: Münch. Hdb. GesR III/Bearbeiter).

o. V. (2006): Gesetzgebung: Referentenentwurf zur GmbH-Novelle
vorgelegt, erschienen in: Deutsches Steuerrecht, Wochenschrift
für Steuerrecht, Wirtschaftsrecht und Betriebswirtschaft (DStR),
44. Jg. 2006, Heft 23, S. XII – XVI.

Palandt, Otto (2006): Bürgerliches Gesetzbuch, 65. Auflage, München 2006 (zitiert: Palandt/ Bearbeiter).

Priester, Hans-Joachim (2005): „GmbH light" – ein Holzweg!, erschienen in: Zeitschrift für Wirtschaftsrecht (ZIP), 26. Jg. 2005, Heft
21, S. 921 – 922.

Raiser, Thomas/Veil, Rüdiger (2006): Recht der Kapitalgesellschaften – Ein Handbuch für Praxis und Wissenschaft, 4. Auflage,
München 2006.

Rehm, Gebhard (2004a): Völker- und europarechtliche Vorgaben
für die Bestimmung des Gesellschaftsstatuts, erschienen in: Eidenmüller, Horst (Hrsg.) (2004): Ausländische Kapitalgesellschaften im deutschen Recht, München 2004, § 2 (S. 13 – 44).

Rehm, Gebhard (2004b): Die Private Company by Shares (Ltd.)
nach englischem Recht, erschienen in: Eidenmüller, Horst (Hrsg.)
(2004): Ausländische Kapitalgesellschaften im deutschen Recht,

München 2004, § 10 (S. 327 – 351).

Römermann, Volker (2006): Der Entwurf des „MoMiG" – die deutsche Antwort auf die Limited, erschienen in: GmbHRundschau, Gesellschafts- und Steuerrecht der GmbH und GmbH&Co. (GmbHR), 97. Jg. 2006, Heft 13, S. 673 – 681.

Rönnau, Thomas (2005): Haftung der Direktoren einer in Deutschland ansässigen englischen Private Company Limited by Shares nach dem deutschen Strafrecht – eine erste Annäherung, erschienen in: Zeitschrift für Unternehmens- und Gesellschaftsrecht (ZGR), 34. Jg. 2005, Heft 6, S. 832 – 858.

Schall, Alexander (2005): Englischer Gläubigerschutz bei der Limited in Deutschland, erschienen in: Zeitschrift für Wirtschaftsrecht (ZIP), 26. Jg. 2005, Heft 22, S. 965 – 975.

Schmidt, Jessica (2005): Haftung und Rechtsverhältnisse im Gründungsstadium einer „deutschen" Limited, erschienen in: Recht der Internationalen Wirtschaft, Betriebs-Berater International (RIW), 51. Jg. 2005, Heft 11, S. 827 – 833.

Schumann, Alexander (2004): Die englische Limited mit Verwaltungssitz in Deutschland: Kapitalaufbringung, Kapitalerhaltung und Haftung bei Insolvenz, erschienen in: Der Betrieb, Wochenschrift für Betriebswirtschaft, Steuerrecht, Wirtschaftsrecht, Arbeitsrecht (DB), 21. Jg. 2004, Heft 14, S. 743 – 749.

Seibert, Ulrich (2006): GmbH-Reform: Der Referentenentwurf eines Gesetzes zur Modernisierung des GmbH-Rechts und zur Bekämpfung von Missbräuchen – MoMiG, erschienen in: Zeitschrift für Wirtschaftsrecht (ZIP), 27. Jg. 2006, Heft 25 – 26, S. 1157 – 1168.

Spahlinger Andreas (2005): Deutsches Internationales Gesellschaftsrecht, erschienen in: Spahlinger Andreas/Wegen Gerhard (Hrsg.) (2005): Internationales Gesellschaftsrecht in der Praxis: Kollisions- und Sachrecht wesentlicher Fälle mit Auslandsbe-

rührung · Europäisches Unternehmensrecht · Wahl der Gesellschaftsform ·Corporate Governance · Wichtige ausländische
Gesellschaftsformen, S. 3 – 67, München 2005.

Spahlinger Andreas/Wegen Gerhard (2005): Für Gesellschaften
relevante Sachverhalte mit Auslandsberührung, erschienen in:
Spahlinger Andreas/Wegen Gerhard (Hrsg.) (2005): Internationales Gesellschaftsrecht in der Praxis: Kollisions- und Sachrecht
wesentlicher Fälle mit Auslandsberührung · Europäisches Unternehmensrecht · Wahl der Gesellschaftsform ·Corporate Governance · Wichtige ausländische Gesellschattsformen, S. 67 – 210,
München 2005.

Tiedemann, Sebastian (2006): Rechtsformwahl unter dem Aspekt
der Niederlassungsfreiheit – Ein Vergleich zwischen deutscher
GmbH und englischer Limited, Diss., Studienreihe wirtschafts-
rechtliche Forschungsergebnisse, Band 90, Hamburg 2006.

Tillmann, Bert/Winter, Willi (2004): Die GmbH im Gesellschafts- und
Steuerrecht, 4. Auflage, Köln 2004.

Vorpeil, Klaus (2006): Neuere Entwicklungen im englischen Han-
dels- und Wirtschaftsrecht, erschienen in: Recht der Internationalen Wirtschaft, Betriebs-Berater International (RIW), 52. Jg.
2006, Heft 3, S. 221 – 234.

Wachter, Thomas (2005a): Wettbewerb des GmbH-Rechts in Europa: Vergleich der Rechtslage in ausgewählten Ländern, erschienen in: GmbHRundschau, Gesellschafts- und Steuerrecht
der GmbH und GmbH&Co. (GmbHR), 96. Jg. 2005, Heft 12,
S. 717 – 730.

Wachter, Thomas (2005b): Persönliche Haftungsrisiken bei englischen private limited companies mit inländischem Verwaltungssitz, erschienen in: Deutsches Steuerrecht, Wochenschrift für
Steuerrecht, Wirtschaftsrecht und Betriebswirtschaft (DStR), 43.
Jg. 2005, Heft 43, S. 1817 – 1823.

Wachter, Thomas (2006): Persönliche Haftung des Gründers einer englischen private limited company, erschienen in: Betriebs-Berater, Zeitschrift für Recht und Wirtschaft (BB), 61. Jg. 2006, Heft 27, S. 1463 – 1466.

Walterscheid, Joachim (2006): Die englische Limited im Insolvenz-verfahren, erschienen in: Deutsche Zeitschrift für Wirtschafts- und Insolvenzrecht (DZWir), 16. Jg. 2006, Heft 3, S. 95 – 99.

Westhoff, André O. (2006): Die Verbreitung der limited mit Sitz in Deutschland, erschienen in: GmbHRundschau, Gesellschafts-und Steuerrecht der GmbH und GmbH&Co. (GmbHR), 97. Jg. 2006, Heft 10, S. 525 – 528.

Wilhelmi, Rüdiger (2006): Das Mindestkapital als Mindestschutz – eine Apologie im Hinblick auf die Diskussion um eine Reform der GmbH angesichts der englischen Limited, erschienen in: GmbHRundschau, Gesellschafts- und Steuerrecht der GmbH und GmbH&Co. (GmbHR), 97. Jg. 2006, Heft 1, S. 13 – 24.

Wohlfahrt, Marko (2006): Gläubigerschutz bei EU-Auslandsgesellschaften, Schriftenreihe: Beiträge zum Transnatio-nalem Wirtschaftsrecht (Hrsg.: Tietje, Christian/Sethe, Rolf), Halle 2006, Heft 53.

Zöllner, Wolfgang (2006): Konkurrenz für inländische Kapitalgesell-schaften durch ausländische Rechtsträger, insbesondere durch die englische Private Limited Company, erschienen in: GmbHRundschau, Gesellschafts- und Steuerrecht der GmbH und GmbH&Co. (GmbHR), 97. Jg. 2006, Heft 1, S. 1 – 12.

Internet

www.go-limited.de
Go Ahead Limited-Beratung
Vergleich des Gesellschaftsrechts gegenüber der GmbH

Abruf am 11.08.2006

www.bmj.bund.de
Entwurf eines Gesetzes zur Modernisierung des GmbH-Rechts und
zur Bekämpfung von Missbräuchen (MoMiG)
Hrsg. Bundesministerium der Justiz
Stand: 29.05.2006
Abruf am 01.07.2006